Süßes zum Anbeißen

Wir danken allen, die mit viel Einsatz und Engagement zur Entstehung dieses Buches beigetragen haben:

Hartmut Kiesewetter, Kathrin Kiesewetter, Caroline Kiesewetter, Ralf Stech, Frauke und Friedel Köster, Jutta Behmer, Hannelore von Witzendorff, Claudia Hardekopf-Daene, Sandra Seidel, Tina Benz, Hans-Jürg Buss, Susanne Verbeek, Sebastian Senf, Kathrin Dehn-Schumacher, Laura Alofs, Melanie Wiegel, Britta Stäß, Liliane Hansen, Lars Möller, Veronika Röttger, Kerstin Schaper, Karen Brahms, Jessica Neumann, Boris Strigáč, Katja Hackert, Ernst-Otto Wilkens, Rainer Haupt, Stefan und Dagmar Jensen, Annika und Christian Schmidt, Monika Schmidt, Erika Thede, Angelika Fuhlendorf, Anja Hradek.

BOYENS
BUCHVERLAG

ISBN 978-3-8042-1476-7

Autorin: Marion Kiesewetter
Redaktion: Marion Kiesewetter
Fotos: Ursula Sonnenberg, Hans Dieter Kellner
Covertorte: Kathrin Kiesewetter
Promotion: Hartmut Kiesewetter
Herstellung: Boyens Buchverlag
Herstellungsbetreuung: Heidrun Bielert
Gestaltung und Layout: Dörte Kromrei
Druck und Bindung: Neografia
Printed in EU

Marion Kiesewetter

Süßes zum Anbeißen

Wunderbare Rezepte
aus norddeutschen Cafés

Fotos von Ursula Sonnenberg
und Hans Dieter Kellner

BOYENS

Lage der Cafés

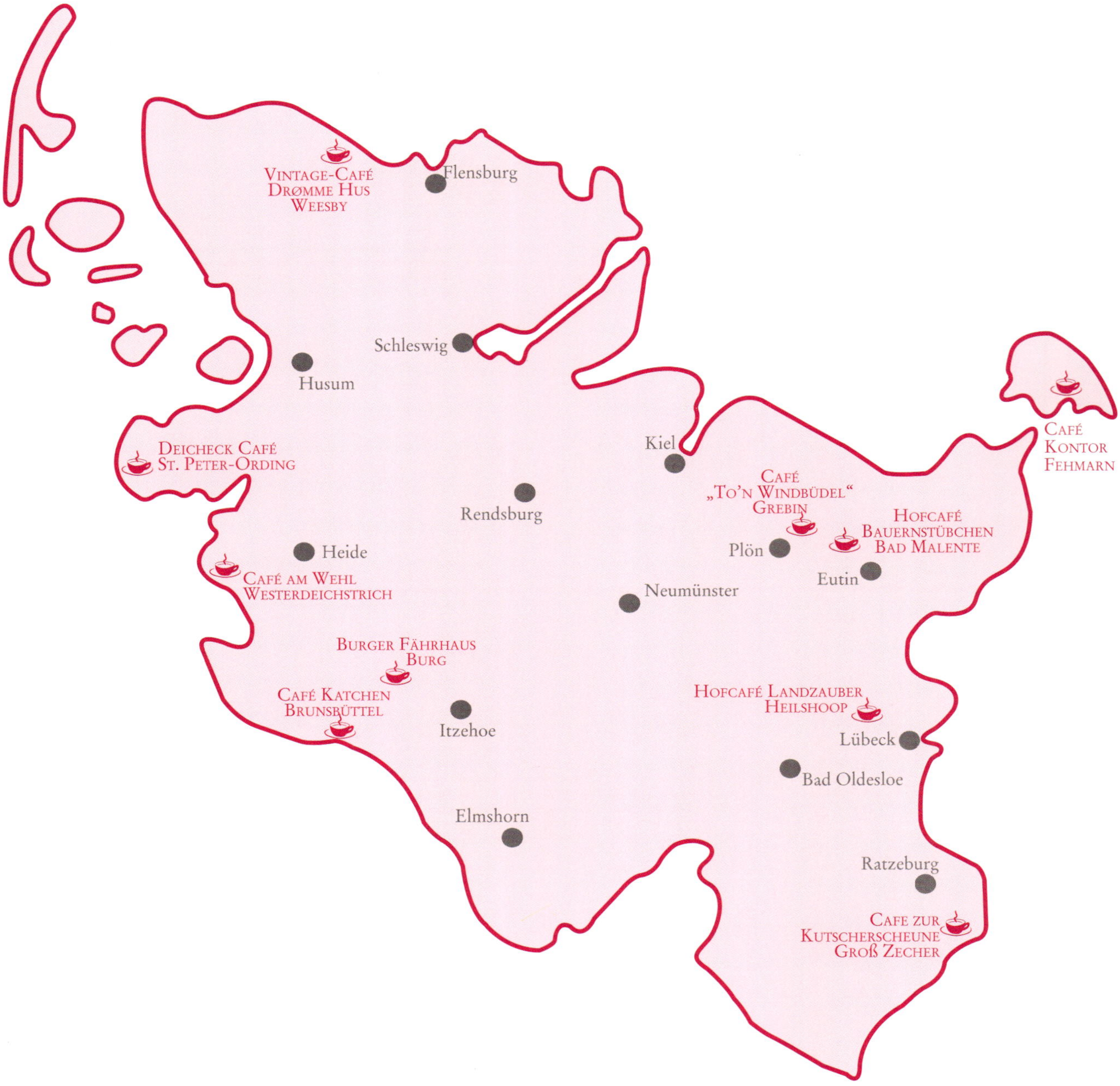

Inhalt

Liebe Tortenfans,

als ich das erste Café-Buch schrieb, hätte ich es mir niemals träumen lassen, dass daraus eine Serie werden könnte, und wir den 10. Band „Süßes zum Anbeißen" als Jubiläumsbuch herausbringen würden. Ausgehen zum Kaffeetrinken ist in den letzten Jahren zum Trend geworden. Es gibt Muffin- und Cup Cake-Kurse, und es hat sich ein richtiger Hype um Torten und Kuchen gebildet. Manchmal ist man eben zur richtigen Zeit am richtigen Ort und hat den richtigen Riecher. Meine Café-Bücher haben inzwischen Sammlerstatus, und ich kenne kaum einen treuen Käufer, der nicht sehnsüchtig auf den nächsten Band wartet. Das macht mich natürlich unglaublich stolz, und von so einem großen Zuspruch hätte ich nicht einmal zu hoffen gewagt. Aber zu so einem Erfolg gehören natürlich auch die mitwirkenden Cafés. Mein Anspruch hat niemals nachgelassen, und zum Glück gibt es viele Café-Besitzer, die genauso denken wie ich und auf Individualität, Qualität und Schönheit Wert legen. Ich habe immer Ausschau nach Besonderem gehalten und nach Menschen gesucht, die mit Herzblut, Engagement und Liebe bei der Sache sind. Das hat sich wirklich ausgezahlt. Ich bin in den letzten zehn Jahren insgesamt ca. 45.000 km durch den schönen Norden gefahren, habe mir ca. 500 Cafés angesehen, 110 Interviews geführt, und es wurden tausende von Fotos gemacht. Ich bin stolz auf mein Team. Die Fotografen Ursula Sonnenberg und Hans Dieter Kellner haben mich jedes Jahr treu begleitet, und ich hatte in ihnen nicht nur tolle Berater und Helfer, sondern Bildkompositeure mit einem unnachahmlichen Gespür für das Schöne. Wir haben wahre Schlachten miteinander geschlagen gegen die Technik, liegengebliebene Autos, schmelzende Zuckergüsse und zerlaufende Sahne, schlechtes Wetter, Bienenattacken und vieles andere. Das hat uns natürlich sehr zusammengeschweißt.
Und nun ist es soweit: Sie halten den 10. Band, die Jubiläumsausgabe „Süßes zum Anbeißen", in den Händen. Ich habe für Sie wieder zauberhafte Cafés ausgewählt – von Nord nach Süd, von Ost nach West, Cafés mit Charme und Qualität. Die Konditorinnen verrieten mir Lieblingsrezepte für Sie, die zum Nachbacken animieren.

Ich wünsche Ihnen sehr viel Spaß mit diesem Buch, das ein Ergebnis meiner Arbeit ist, die ich so liebe.

Ihre
Marion Kiesewetter

ErlebnisReich Gestüt Schierensee

Café To'n Windbüdel

Für unsere Café-Buch-Reihe bin ich zehn Jahre durch Schleswig-Holstein gefahren, um ein Mühlencafé zu finden und endlich hat es für diese Jubiläumsausgabe geklappt. In der wunderschönen Holsteinischen Schweiz, in dem kleinen Ort Grebin, stand sie majestätisch auf dem Mühlenberg. Die Mühle „Wagria" aus dem Jahre 1851 und das machte mich glücklich. In ihr befindet sich das gemütliche, rustikale Café To'n Windbüdel von Tina Benz.

Das ganze Anwesen ist sehr komplex, und ich möchte es Ihnen vorstellen, denn das Paar Hans-Jürg Buss, ein sympathischer Geschäftsmann aus der Schweiz, und die kesse, gut aussehende Tina Benz, Zauberfeengartengestalterin und ausgebildete Mezzo-Sopranistin aus Eutin, haben etwas Einzigartiges geschaffen: das ErlebnisReich Gestüt Schierensee, ein attraktiver Anziehungspunkt für Einwohner und Feriengäste. Das Gestüt ist nicht nur mit dem Auto, sondern auch über einen Wanderweg entlang des Sees zu erreichen. Hier züchtet Hans-Jürg Buss Achal Tekkiner, seine große Leidenschaft. Sie zählen zu den ältesten Pferderassen der Welt und stammen aus Turkmenistan in Zentralasien. Es sind Langstreckenpferde, sozusagen die Windhunde der Pferde – schlank und ausdauernd. Sie haben das „goldene Gen", denn wenn die Sonne sie bestrahlt, sehen sie aus, als wären sie mit Goldstaub gepudert.

Die bezaubernde Tina Benz ist verantwortlich für die gesamte Gestaltung der Anlage. Dafür hat sie wirklich ein Händchen, und mit viel Fantasie schaffte sie als gelernte Gärtnerin den ver-

Auf dem Mühlenberg steht die Mühle „Wagria" aus dem Jahre 1851. In ihr befindet sich das zünftig eingerichtete Café „To'n Windbüdel" über zwei Etagen. Hier gibt die Gastgeberin Tina Benz auch ihre Konzerte.

Der Außenbereich ist im Sommer besonders beliebt. Von der Anhöhe aus hat man einen traumhaften Blick auf die Landschaft und den Weinberg, etwas ganz Besonderes in Schleswig-Holstein.

Als Ausweichmöglichkeit im Winter befindet sich auf dem Gestüt, im ehemaligen Wintergarten, das KafFEEchen. Es ist lütt und kuschelig und man hat einen tollen Blick über den Schierensee.

wunschenen Zauberfeenwald und den Zauberfeengarten mit einem Blick auf den Schierensee und den gegenüberliegenden Mühlenberg mit der historischen Mühle.

Tina erzählt: „Das ErlebnisReich Gestüt Schierensee beinhaltet ja nicht nur das Gestüt, sondern auch unsere Ferienhäuser „Fischerkate" und das noble „Espenhaus" mit eigener Seeterrasse. Sie wurden von Urlaubern so toll angenommen, dass wir überlegten, unser Angebot zu vergrößern. Das Gebiet um den Mühlenberg mit der Mühle war vakant und die Gemeinde fragte, ob wir uns nicht an dem Interessenbekundungsverfahren beteiligen wollten. Wir reichten unser Konzept ein und tatsächlich bekamen wir den Zuschlag", erzählt Tina mit Begeisterung. „Im Mai 2016 konnten wir dann das Café in der Mühle eröffnen und gaben ihm den Namen To'n Windbüdel. Ein reines Sommercafé, das von Mai bis Ende Oktober geöffnet ist. Als Ausweichmöglichkeit für den Winter haben wir auf dem gegenüberliegenden Gestüt, im ehemaligen Wintergarten, ein kleines aber feines Wintercafé geschaffen. „Das KafFEEchen". Es ist lütt und kuschelig und man hat einen tollen Blick in den Zauberfeengarten. Hier haben wir nur sonntags geöffnet und ansonsten nach Absprache. Im Café To'n Windbüdel sind ca. 40 Plätze und draußen um die Mühle herum haben wir unbegrenzt Platz. Im „KafFEEchen" können wir 20 Gäste bewirten. Bei uns wird alles selbst gebacken, und ich habe eine ganz tolle Crew, die wunderbare Torten backt und sich immer wieder neue Kreationen ausdenkt. Außerdem bieten wir verschiedene Quiches an und nicht zu vergessen unsere süß und deftig gefüllten Windbeutel, eine Spezialität des Hauses – mit Lachscreme und Kräuterfüllung ein Hochgenuss. Die Besonderheit im von mir angelegten Zauberfeengarten und Zauberfeenwald ist, dass man alles selbst erkunden muss und wieder in seine Kindheit versetzt wird. Gerne gebe ich den Gästen natürlich kleine Hinweise, wo man am besten verzaubert wird.

Der Star des Gestütes ist der Achal Tekkiner Hengst Ovoi.

Symbol der ganzen Anlage sind die Zauberfeen, sie begegnen einem überall.

Vor der Mühle gebe ich auch eigene Konzerte und lade dazu gern Kollegen ein und singe Songs aus meiner eigenen CD. Leider kann ich mein Country-Duett mit Gunter Gabriel nicht mehr mit ihm zusammen singen, denn er verstarb kurz nach unserer Aufnahme. Oft finden die Events auch auf unserem Bootssteg statt, was von den Gästen mit viel Freude begrüßt wird."

Nach meinem Besuch war ich schwer beeindruckt von dieser Besonderheit, die man in Schleswig-Holstein nur selten findet. Direkt unterhalb der Mühle am Hang wird Wein angebaut, er heißt „SO MOOKT WI DAT". 100% Grebiner Weinbergtrauben, gereift im milden Klima der sanften Hügel- und Seenlandschaft. Man muss sich einfach auf Café-Tour begeben und das ErlebnisReich erkunden, hier wird wirklich viel geboten. Tina und ihr Liebster Hans-Jürg versuchen alles, um ihre Gäste glücklich zu machen. Es vergeht kaum ein Tag, an dem Tina nicht an der großen „Ehrwürdigen Espe", am Ufer des Sees inne hält, sie umarmt und Danke sagt für all die Fügung. Einfach eine Traumwelt!!

Freudentränen-torte

Freudentränentorte

Mürbeteig:

200 g Mehl
100 g Zucker
70 g Butter
1 Ei
1 TL Backpulver

Aus Mehl, Zucker, Butter, Ei und Backpulver einen Mürbeteig herstellen und in eine gefettete 26-cm-Springform drücken. Rand gleichmäßig hochziehen.

Belag:

500 g Magerquark
150 g Zucker
1 Pck. Vanillezucker
1 Pck. Vanille-Puddingpulver
1 Ei
2 Eigelb
250 ml Schlagsahne
250 ml Milch
150 ml Raps-/Sonnenblumenöl

Die Zutaten in der Reihenfolge wie aufgeführt nacheinander in eine große Schüssel geben. Erst den Quark verrühren, dann den Zucker dazugeben und gut unterrühren. Dann Vanillezucker, Puddingpulver, Ei, Eigelb, Sahne, Milch und zum Schluss das Öl dazugeben. Nicht erschrecken, es entsteht eine recht flüssige Masse, das soll so sein und ist richtig.
Die flüssige Creme auf den Mürbeteig füllen und im vorgeheizten Backofen bei 175 °C Ober- und Unterhitze 70 Minuten backen.

Baiser:

2 Eiweiß
6 EL Puderzucker

5 Minuten vor Ende der Backzeit das Eiweiß steif schlagen, zum Schluss Puderzucker hinzugeben und weiter schlagen. Kuchen aus dem Ofen nehmen, die Baisermasse vorsichtig darauf verteilen und nochmal 10 Minuten weiterbacken. Danach abkühlen lassen. Auf der knusprigen Baiserhaube entstehen nach einer Weile „Tränen", da der Zucker mit dem Eiweiß durch das Abkühlen karamellisiert. Daher der Name der Torte.
Kuchen über Nacht in den Kühlschrank stellen und durchziehen lassen, so schmeckt er am besten.

Herrentorte

Schokoladen-Preiselbeertorte

150 g Zartbitter-Schokolade
6 Eier, getrennt
125 g Zucker

1 Schuss Kirschwasser
1 Glas Preiselbeeren (450 g)
2 Becher Schlagsahne (à 200 ml), geschlagen
Kakao zum Bestäuben

Schokolade im Wasserbad schmelzen und wieder abkühlen lassen. Eigelb und Zucker zu einer cremigen Masse schlagen. Die abgekühlte Schokolade unterrühren. Eiweiß steif schlagen und unter den Schokoteig heben. Teig in eine gefettete 26-cm-Springform füllen und im vorgeheizten Backofen bei 175 °C Ober- und Unterhitze ca. 30 Minuten backen. Danach abkühlen lassen und auf eine Kuchenplatte stürzen. Den Boden mit Kirschwasser beträufeln. Preiselbeeren darauf verteilen, mit der Sahne bedecken und glatt streichen. Torte über Nacht im Kühlschrank durchziehen lassen. Vor dem Servieren mit Kakao bestäuben.

Durch die Preiselbeeren schmeckt die Torte wie eine „herbe" Variante zur Schwarzwälder Kirsch und wird sehr gerne von Herren gegessen. Daher der Name „Herrentorte".

Schierenseewellen

Teig:

125 g Butter/Margarine
125 g Zucker
2 Eier
250 g Mehl
2 TL Backpulver
3 EL Milch
1 ½ EL Kakao

4 Gläser Sauerkirschen
(á 460 g Abtropfgewicht)

Aus den Zutaten einen Rührteig herstellen und 2/3 des Teiges auf einem mit Backpapier belegten Backblech verstreichen. Das restliche Drittel des Teiges mit 1 ½ EL Kakao verrühren und auf den hellen Rührteig streichen. Sauerkirschen abtropfen lassen und auf dem Schokoboden verteilen. Im vorgeheizten Backofen bei 200 °C Ober- und Untertitze auf mittlerer Schiene 45 Minuten abbacken.

Füllung:

500 ml Milch
1 Pck. Vanille-Puddingpulver
250 g Butter, zimmerwarm
1 Pck. Butterkekse
2 Pck. Zartbitter-Kuvertüre
Rum/Kirschwasser nach Geschmack

5 EL Milch mit dem Puddingpulver anrühren. Restliche Milch aufkochen, vom Herd nehmen, angerührtes Puddingpulver dazugeben und unter Rühren nochmal aufkochen.
Butter schaumig schlagen und unter den erkalteten Pudding rühren. Die entstandene Creme auf dem abgekühlten Kirschboden verteilen. Danach die Butterkekse als Deckel auf der Creme verteilen und je nach Belieben mit Rum/Kirschwasser tränken (Kindervariante mit Kirschsaft). Kuvertüre im Wasserbad schmelzen, auf den getränkten Keksen verstreichen und dabei mit dem Teigschaber Wellen „malen".

Mühlenbüdel Windmühle Grebin

Teig:

100 ml Wasser
100 ml Milch
50 g Butter
160 g Mehl
1 Ei

Wasser, Milch und Butter zum Kochen bringen. Mehl hinzugeben und umrühren. Die Masse abrösten. Abkühlen lassen und das Ei hinzufügen. Teig in einen Spritzbeutel füllen und kleine Portionen auf ein mit Backpapier belegtes Backblech spritzen. Ca. 25–30 Minuten bei Anfangstemperatur von 210 °C, abfallend auf ca. 180 °C, backen.

Füllung:

Baisers
pro Windbüdel 2 EL Fruchtgrütze
Schlagsahne, geschlagen
Vanilleeis
Eierlikör nach Belieben

Zwei frauenfaustgroße Windbüdel aufschneiden und nebeneinander auf einen Teller legen. Die unteren Seiten mit zerbröckelten Baiserstücken bestreuen. Je 2 EL Fruchtgrütze – es muss nicht immer nur Kirsch sein – darauf geben. Ungesüßte Sahne (Baiser ist süß genug) flott auftürmen, die Deckel draufsetzen und nochmals mit Baiser überstreuen. Ganz flott zwei Kugeln Vanilleeis vorlegen und diese nach Geschmack mit Eierlikör übergießen. Nach Belieben garnieren.

Mühlentorte

Boden:

300 g TK-Blätterteig
Backerbsen

Blätterteig bei Zimmertemperatur auftauen lassen (nicht durchkneten). Teig ausrollen und eine gefettete 26-cm-Springform damit auskleiden. Darauf achten, dass ein möglichst gleichhoher Rand entsteht. Den Boden mit den Backerbsen befüllen. Im vorgeheizten Backofen bei 220 °C Ober- und Unterhitze ca. 25 Minuten blind backen. Backerbsen entfernen und weitere 10 Minuten bei gleicher Temperatur backen. Danach abkühlen lassen.

Belag:

100 g Marzipanrohmasse
40 ml Schlagsahne
1 Eigelb

Marzipan mit Sahne und Eigelb zu einer dicken Creme verrühren und auf dem Blätterteigboden verteilen. Wer das nicht mag, kann auch nur Marzipan ausrollen und als Zwischenschicht auf den Blätterteig geben.

Mühlenflügel:

300 g TK-Blätterteig
1 Eigelb
etwas Milch
grober Zucker zum Bestreuen

Aufgetauten Blätterteig 3mm dick ausrollen und daraus 8–10 längliche Dreiecke schneiden. Eigelb und Milch verquirlen und die Dreiecke damit bestreichen. Mit Zucker bestreuen. Anschließend auf ein mit Wasser abgespültes und mit Backpapier belegtes Backblech legen und im vorgeheizten Backofen bei 200–220 °C Ober- und Unterhitze 20–25 Minuten backen. Danach abkühlen lassen. Wem das zu aufwendig ist, kann auch fertige Blätterteigfächer kaufen (siehe Foto).

Füllung:

3 ½ Blatt Gelatine, weiß
250 g frische oder TK-Himbeeren (Erdbeeren)
1 EL Honig
500 ml Konditorsahne (35%)
50 g Zucker

Gelatine 10 Minuten in kaltem Wasser einweichen, ausdrücken, tropfnass in einen Topf geben und bei schwacher Hitze unter Rühren auflösen. Himbeeren durch ein Sieb streichen und mit dem Honig verrühren, (je nach Belieben gehen auch Erd- oder Waldbeeren). TK-Beeren 3 Stunden vorher auftauen lassen.
Sahne schlagen, Zucker einstreuen lassen und weiter schlagen, bis die Sahne fest ist. Die aufgelöste Gelatine unter die Himbeeren rühren und vorsichtig unter die Sahne heben. Füllung gleichmäßig auf der Marzipanschicht verstreichen.
Torte im Kühlschrank 1 Stunde fest werden lassen.

Verzierung:

3 Eiweiß
125 g Puderzucker

gehackte Pistazien
10–12 Himbeeren/Erdbeeren

Eiweiß steif schlagen und nach und nach den Puderzucker unterrühren. Baisermasse in einen Spritzbeuten füllen und sternförmig im Uhrzeigersinn auf die Füllung spritzen, so dass von dieser nichts mehr zu sehen ist. Blätterteigfächer im Kreis zwischen die Baiserkringel stecken (Mühlenflügel). Zwischen Flügel, am Rand und Mitte Pistazienstreusel streuen. Torte unter den vorgeheizten Grill schieben, bis sich das Baiser leicht bräunt. Zum Schluss die zurückgehaltenen Himbeeren/Erdbeeren als Deko zwischen die Mühlenflügel setzen. Torte eine Nacht im Kühlschrank durchziehen lassen.

Rübli-Torte

Teig:

250 g fein geraffelte Möhren
8 Eier, getrennt
350 g Zucker
2 Pck. Vanillezucker
1 geh. TL Zimt
3 EL Kirschwasser
50 g Puderzucker

Möhren schälen und mit einer Raffel/Küchenmaschine fein raffeln wie für einen Möhrensalat. Eigelb mit dem Zucker, Vanillezucker, Zimt und Kirschwasser langsam zu einer dicken Creme verrühren.
Eiweiß steif schlagen, zum Schluss den Puderzucker dazugeben und weiterschlagen.
Die geraffelten Möhren vorsichtig unter die Eigelbmasse rühren.

25 g Mehl
200 g gemahlene Mandeln
200 g gemahlene Haselnüsse
3 Zwieback, fein zerkrümelt
1 TL Backpulver

In einer weiteren Schüssel Mehl, Mandeln, Haselnüsse, Zwieback und Backpulver gut durchmischen und auf die Eigelb-Möhrenmasse geben. Danach den Eischnee mit einem Schneebesen unterziehen. So lange in eine Richtung rühren, bis sich alle Zutaten zu einem gleichmäßig durchmischten, lockeren Teig verbunden haben. Den Teig in eine gefettete 28-cm-Springform füllen. Wichtig ist, den Rand gut einzufetten, sonst lässt sich der Kuchen später schwer aus der Form lösen. Im vorgeheizten Backofen bei 175 °C Ober- und Unterhitze auf mittlerer Schiene 1 Stunde backen. Danach abkühlen lassen und auf einen Kuchenteller setzen.

Guss:

200 g Puderzucker
2 EL Zitronensaft
1 EL Kirschwasser
12 Marzipanmöhren für die Deko

Puderzucker, Zitronensaft und Kirschwasser miteinander verrühren. Guss vorsichtig auf dem Kuchen verstreichen. Sofort die Marzipanmöhren darauf setzen, damit sie ankleben. Anschließend trocknen lassen. Wer kein Kirschwasser im Guss mag, kann die „Kindervariante" mit 3 EL Zitronensaft anstatt des 1 EL Kirschwassers nehmen.
Der Kuchen ist saftig, ein bisschen wie Marzipan, hält sich gut und schmeckt auch noch nach ein paar Tagen.

Zauberfeentorte

Teig:

250 g Mehl
1 Msp. Backpulver
2 Pck. Vanillezucker
1 Becher Cremé fraîche
175 g Butter

Mehl und Backpulver vermischen. Zucker, Cremé fraîche und Butter hinzufügen und mit dem Knethaken gut verarbeiten. Danach mit den Händen zu einem glatten Teig verkneten. Sollte der Teig zu sehr kleben, einfach kalt stellen. Anschließend in 4 gleich große Stücke teilen und jeweils ein Stück auf dem Boden einer gefetteten 26-cm-Springform ausrollen. Aufpassen, dass der Teigboden am Rand nicht zu dünn ist. Böden mehrmals mit einer Gabel einstechen, den Springformrand herum legen und schließen.

Streusel:

150 g Mehl
75 g Zucker
1 Pck. Vanillezucker
1 Msp. Zimtpulver
100 g Butter

Zutaten zu Streusel verkneten und die 4 Teigböden gleichmäßig damit bedecken. Böden im vorgeheizten Backofen bei 200–220 °C Ober- und Unterhitze ca. 15 Minuten backen. Danach sofort vorsichtig vom Springformboden lösen und auf einem Rost abkühlen lassen. Einen Boden in 10–12 Teile schneiden (wird später der Deckel).

Füllung:

500 ml Schlagsahne
25 g Zucker
2 Pck. Sahnesteif
1 Pck. Vanillezucker
1 Glas Pflaumenmus (450 g)

Sahne ½ Minute schlagen. Zucker, Sahnesteif und Vanillezucker vermischen, einstreuen, Sahne fertig schlagen und in einen Spritzbeutel füllen.
Pflaumenmus auf den drei unzerteilten Böden verstreichen und jeweils die Sahne draufspritzen. Die Böden anschließend zusammensetzen.

Café Zur Kutscherscheune

Das Café Zur Kutscherscheune befindet sich im alten Pferdestall des Gutes.

Auf meiner Café-Tour durch das wunderschöne süd-östliche Schleswig-Holstein fand ich im Naturpark Lauenburgische Seen das beeindruckende Anwesen Gut Groß Zecher. Es liegt in der Schaalsee-Region und Groß Zecher ist ein Ortsteil der Gemeinde Seedorf im Kreis Herzogtum Lauenburg.
Schon bei der Anfahrt zum Gut über die Lindenallee erblickt man das Herrenhaus und spürt sofort Gutshofidylle. Der gesamte Komplex liegt am romantischen Schaalsee und ist seit 1681 in Familienbesitz der Witzendorffs. Das Café und Restaurant „Zur Kutscherscheune" befindet sich im alten Pferdestall des Gutes. Er ist auch der Namensgeber, denn hier standen früher die Kutschen und Kutschpferde. Die alten Heuraufen hängen noch an den Wänden und das Gebälk mit den aufwendigen Schnitzereien ist original. Die liebenswerte und sehr natürliche Hannelore von Witzendorff ist die Besitzerin des Cafés, und wir hatten sofort einen so netten Kontakt als würden wir uns schon seit Jahren kennen. Bei Kaffee und köstlichem Kuchen kamen wir so richtig ins Klönen und sie erzählte mir von dem Gut, dem Café und den Ferienwohnungen.
„Ich bin von Haus aus Landwirtin und habe Agrarwissenschaften studiert. 1994 übernahm ich das Gut Groß Zecher mit Milchwirtschaft, Ackerbau und allem was dazugehört. Somit setzte ich die Tradition der Familie fort. Relativ schnell habe ich dann die Kutscherscheune

Blick in die russtikale Kutscherscheune.

umgebaut, und wir konnten darin das Café im Juni 2000 eröffnen. Es besteht aus einem Gastraum mit darüber liegender Galerie, die wir auch für kleine Feiern, Konfirmationen, runde Geburtstage und Ausstellungen nutzen können. Im Café-Restaurant haben wir 80 Plätze und auf der Terrasse direkt am Schaalsee und im Garten 80–100 Plätze.

Von Anfang an backt bei uns die großartige und sehr beliebte Claudia Hardekopf-Daene mit ihrem Team. Sie ist eine wahre Meisterin und Rezepterfinderin. Wir haben natürlich unsere Standardtorten, die das ganze Jahr im Repertoire sind. Unsere Haustorte ist die Kutschertorte, sie darf niemals fehlen und Baiser-Torten mit Früchten der Saison sind der Renner. Man kann bei uns natürlich à la carte speisen oder nach Absprache auch ein ganzes Menü genießen. Die Kutscherscheune ist ganzjährig geöffnet, im Winter von Freitag bis Sonntag und ab Mai täglich. In unseren Doppelzimmern und im Turmzimmer kann man auch nur für ein Wochenende bleiben, was von unseren Gästen sehr gerne angenommen wird. Die Ferienwohnungen und Häuser vermieten wir ab drei Nächten. Aber natürlich gibt es Gäste, die eine Woche oder länger in den Häusern oder im Turmzimmer mit wunderschönem Blick auf den Schaalsee Urlaub machen. Natürlich fangen wir den Tag immer mit dem Frühstück an und bieten dann Mittagessen, Nachmittagskaffee und Abendessen. Ratzeburg und Mölln sind nur 18 km von uns entfernt und von Hamburg zu uns sind es auch nur 60 km. Ein eigener Bootssteg zum Schaalsee eignet sich hervorragend für Kanu- und Bootstouren. Da wir direkt an einem öffentlichen Wanderweg liegen, ist der Standort des Cafés wirklich ideal. Der See und der Wald liegen direkt vor der Tür und die ganze Landschaft um uns herum ist ein Traum. Die Kutscherscheune bietet einen perfekten Ausgangspunkt für das Wandern und Radfahren."

Das Gut Groß Zecher mit seiner Kutscherscheune ist nicht zuletzt durch die traumhafte Lage und die kulinarischen Gaumenfreuden eine Besonderheit. Hannelore von Witzendorff ist eine sehr charmante Gastgeberin mit großem „Know how". Aber auch das Personal ist sehr liebenswürdig und versucht den Gästen fast jeden Wunsch von den Lippen abzulesen. Ein großes Kompliment geht an Claudia, denn ihre Tortenkreationen sind Spitzenklasse und die Zusammenarbeit mit ihr hat uns wirklich Spaß gemacht. Im Café „Zur Kutscherscheune" werden alle Sinne verwöhnt.

Die Lage der Terrasse ist unbeschreiblich schön. Grüne Wiesen, alter Baumbestand und der direkt angrenzende Schaalsee … hier werden alle Sinne verwöhnt.

Kutschertorte

Kutschertorte

Biskuit:

4 Eier, getrennt
4 EL Wasser
200 g Zucker
200 g Mehl
1 TL Backpulver

Eigelb, Wasser und Zucker ca. 10 Minuten schaumig schlagen. Eiweiß steif schlagen und unterheben. Mehl und Backpulver vermischen und unter die Eimasse heben. Den Teig in eine mit Backpapier ausgelegte 28-cm-Springform füllen und im vorgeheizten Backofen bei 160 °C Umluft 40 Minuten backen. Anschließend gut auskühlen lassen und einmal waagerecht durchschneiden. Einen Boden auf eine Tortenplatte setzen und mit einem Tortenring umlegen. Der zweite Boden lässt sich wunderbar einfrieren.

Creme:

6 Blatt Gelatine
2 Dosen Mandarinen
(à 175 g Abtropfgewicht)
125 ml Mandarinensaft
20 g Zucker
2 EL Vanillezucker
800 g Schmand

Gelatine in kaltem Wasser einweichen. Mandarinen abtropfen lassen, Saft auffangen. Saft mit Zucker, Vanillezucker und Schmand verrühren. Gelatine ausdrücken, in etwas Mandarinensaft oder Wasser auflösen und unter die Creme rühren. Mandarinen vorsichtig unterheben. Anschließend auf dem Biskuitboden verstreichen und ca. 3 Stunden in den Kühlschrank stellen.

Bällemasse:

3 Blatt Gelatine
500 ml Schlagsahne
100 g Instant-Getränkepulver, Orange
3 EL Vanillezucker
Gehackte Pistazien und Kakaopulver zum Bestreuen

Gelatine einweichen und auflösen. Sahne steif schlagen, dabei das Getränkepulver und den Vanillezucker einrieseln lassen. Anschließend die aufgelöste Gelatine unterrühren. Die Orangensahne ebenfalls 3 Stunden kühlen. Anschließend mit einem Eisportionierer Bälle abstechen und auf der Schmandcreme verteilen. Zum Schluss Pistazien und Kakaopulver auf die Bälle streuen.

Brombeer-Apfel-Crumble

mit Rosmarinsahne

Crumble:

1 kg Äpfel
30 g frischer Ingwer
350 g Dinkelvollkornmehl
200 g gemahlene Mandeln
200 g Butter
200 g Rohrzucker
2 Eier
400 g Brombeeren

Eine ofenfeste Form (ca. 30 x 40 cm) einfetten. Äpfel schälen, entkernen und in Spalten schneiden. In der Form verteilen und ca. 10 Minuten im vorgeheizten Backofen bei 175 °C Umluft vorbacken. Ingwer schälen und fein reiben. Mehl, Mandeln, Butter, Rohrzucker, Eier und Ingwer zu Streusel verkneten. Brombeeren verlesen, waschen und abtropfen lassen. Äpfel aus dem Ofen nehmen. Brombeeren und Streusel auf den Äpfeln verteilen. Bei gleicher Temperatur ca. 20–25 Minuten weiterbacken.

Rosmarinsahne:

1 Rosmarinzweig
500 ml Schlagsahne
3 EL Orangensaft
2 EL Vanillezucker

Die Nadeln vom Rosmarin abzupfen. Sahne, Rosmarinnadeln und Orangensaft kurz erhitzen, abkühlen lassen und im Kühlschrank ca. 4 Stunden durchkühlen lassen. Sahne durch ein Sieb gießen und mit dem Vanillezucker steif schlagen. Den Brombeer-Apfel-Crumble lauwarm mit der Sahne servieren.

Mohn-Pflaumen-Torte

Mohn-Biskiut:

5 Eier, getrennt
4 EL warmes Wasser
200 g Zucker
100 g gemahlener Mohn
100 g Mehl
2 TL Backpulver

Eigelb, Wasser und Zucker ca. 10 Minuten schaumig schlagen. Eiweiß steif schlagen und unterheben.

Mohn, Mehl und Backpulver vermischen und unter die Eimasse heben. Teig in eine mit Backpapier ausgelegte 28-cm-Springform füllen und im vorgeheizten Backofen bei 160 °C Umluft 40 Minuten backen. Anschließend gut auskühlen lassen. Boden auf eine Tortenplatte setzen und einmal waagerecht durchschneiden. Den unteren Boden mit einem Tortenring umlegen.

Füllung:

ca. 500 g Pflaumenkompott, angedickt
oder 1 Glas Pflaumenmus (ca. 400 g)
1,2 l Schlagsahne
3 EL Sahnesteif
3 EL Vanillezucker
1 heller Biskuitboden (restlicher Boden siehe Rezept „Kutschertorte")
½ Marzipanplatte (20 cm Durchmesser)
etwas Mohn zum Bestreuen der Torte

Pflaumenkompott auf dem unteren Mohnboden verteilen, ca. 4 EL für die Dekoration übriglassen. Sahne mit Sahnesteif und Vanillezucker steif schlagen und einen Teil auf das Pflaumenkompott streichen. Den hellen Boden auflegen und wieder mit Sahne bestreichen. Den zweiten Mohnboden auflegen und die Torte rundherum mit Sahne einstreichen. Etwas Sahne für die Tupfer zu Seite stellen.

Die Marzipanplatte auf die Torte legen, mit 12 Sahnetupfen ausgarnieren und auf jeden Tupfer etwas Pflaumenkompott geben. Zum Schluss die Torte mit gemahlenem Mohn bestreuen.

Quarkstreusel

Streuselteig:
375 g Mehl
125 g Speisestärke
1 Pck. Backpulver
1 Ei
250 g Butter, zimmerwarm
250 g Zucker

Alle Zutaten zu Streusel verarbeiten und die Hälfte davon als Boden auf ein gefettetes Backblech drücken.

Quarkmasse:
1 kg Magerquark
3 Eier
200 g Zucker
250 g Butter
1 EL Zitronensaft
3 EL Vanille-Puddingpulver

Alle Zutaten gut verrühren und auf dem Streuselboden verteilen. Die restliche Streuselmasse auf den Quark krümeln und den Kuchen bei 160 °C Umluft 40 Minuten backen.

Himbeerkrümel-Schnitte

Mürbeteig:

180 g Butter
150 g Zucker
300 g Mehl
2 Eier
1 EL Backpulver
1 Prise Salz

Alle Zutaten zu einem geschmeidigen Mürbeteig verarbeiten. Den Boden einer gefetteten eckigen Springform (ca. 28x40 cm) knapp einen halben Zentimeter dick mit dem Teig bestreichen.
Den restlichen Teig (ca. 1/3 der gesamten Masse) auf ein mit Backpapier belegtes Backblech streichen.
Springform und Blech im vorgeheizten Backofen bei 160 °C Umluft 35 Minuten backen. Anschließend gut auskühlen lassen.

Füllung:

1 kg TK-Himbeeren
400 ml roter Fruchtsaft
200 ml Wasser
200 g Zucker
5 Pck. Tortenguss, rot
750 ml Schlagsahne
3 EL Sahnesteif
3 EL Vanillezucker

Mürbeteigboden in der Form mit den Himbeeren belegen. Aus Saft, Wasser, Zucker und Tortengusspulver einen Tortenguss herstellen und auf die Himbeeren geben.
Nach dem Erkalten Sahne mit Sahnesteif und Vanillezucker steif schlagen und auf die Himbeeren streichen.

Mandelkrokant:

75 g gemahlene Mandeln
75 g Zucker

Mandeln und Zucker in einer Pfanne ohne Fett rösten. Den gebackenen Mürbeteig vom Blech in einer Schüssel zerbröseln und mit dem Mandel-Zucker-Gemisch vermischen. Nach dem Abkühlen auf die Sahne krümeln. Anschließend aus der Springform lösen.

Baumkuchentorte mit Granatapfelkernen

Teig:

250 g Butter
250 g Zucker
6 Eier, getrennt
125 g Mehl
125 g Speisestärke
1 Msp. Zitronenabrieb, unbehandelt
Mark einer Vanilleschote
75 g gemahlene Mandeln
2 cl Rum
½ TL Zimt
½ TL Kardamom

Butter und Zucker schaumig rühren. Eigelb nach und nach unter die Buttermasse ziehen. Mehl, Speisestärke, Zitronenabrieb, Vanillemark, Mandeln, Rum und Gewürze zugeben und alles zu einem glatten Teig verrühren. Eiweiß steif schlagen unter den Teig heben.

Eine 26-cm-Springform mit Backpapier belegen und den Rand mit Butter bestreichen. Ca. 3 EL Teig auf den Boden der Form streichen und im vorgeheizten Backofen bei 250 °C Oberhitze 3–4 Minuten backen, bis er goldgelb ist. Dann auf die gebackene Schicht wieder 3 EL Teig geben und erneut backen. So fortfahren, bis der Teig aufgebraucht ist. Die fertige Baumkuchentorte in der Form auskühlen lassen, vom Rand lösen und einmal waagerecht durchschneiden.

Füllung:

150 g Marzipan
2 EL Puderzucker
3 EL Orangensaft

Marzipan mit einer Gabel fein zerdrücken und mit Puderzucker und Orangensaft cremig rühren. Den unteren Boden damit bestreichen und die andere Hälfte darauflegen.

Zum Verzieren:

100 g Orangenkonfitüre
150 g Zartbitter-Kuvertüre
1 EL Butter
2 Granatäpfel (ausgelöste Kerne)

Den Kuchen außen mit der Orangenkonfitüre bestreichen. Schokolade hacken und mit der Butter über einem heißen Wasserbad schmelzen, danach etwas abkühlen lassen. Die Torte mit der Schokolade überziehen und abkühlen lassen. Granatapfelkerne auslösen und die Torte damit verzieren.

Cafe Kontor

Auf der „Sonneninsel“ Fehmarn, an der südlichen Küste in Burgstaaken, einem Ortsteil mit kombiniertem Kommunal- und Yachthafen, befindet sich das „Cafe Kontor“. Die Ostseeinsel ist nach Rügen und Usedom die drittgrößte Insel Deutschlands und liegt zwischen der Kieler und Mecklenburger Bucht. Die Fehmarnsundbrücke verbindet die Insel seit 1963 mit dem Festland bei Großenbrode.

Die Besitzerin Melanie Wiegel erzählt mir die interessante Geschichte des Cafe Kontor:

„Das wunderschöne, historische Gebäude von 1923, in dem sich das Café befindet, ist ursprünglich das Kontorhaus der Fehmarn-Mühle. Sie existiert leider nicht mehr, da sie 1974 abbrannte. Seit Anfang des 20. Jahrhunderts ist das gesamte Anwesen am Hafen in Familienbesitz. Die Familie Kölln kommt ja ursprünglich von der Insel Pellworm. Der Großvater meines Mannes ging nach Fehmarn und der andere Teil der Familie, bekannt durch die Kölln-Flocken, ging nach Elmshorn. Das Erbe wird von meinem Mann Jürgen Kölln in der dritten Generation weiter geführt. Die Silos, die direkt am Hafen stehen sind noch in Betrieb und in der Erntezeit geht es hier beim Verladen von Getreide auf die Schiffe hoch her. Meine Schwiegermutter Traute Kölln hatte im hohen Alter von 75 Jahren die Idee, die inzwischen leer stehenden Kontorräume durch die Einrichtung eines Ausflug-Cafés zu nutzen. 1997 eröffnete sie das Café und gab es 1999 an die Familie weiter.“

Die Lage mit dem von alten Rosen- und Baumbestand gesäumten Cafégarten ist einzigartig. Die liebevoll gestalteten Räumlichkeiten in einer Mischung aus Antik und Moderne laden zum gemütlichen Verweilen ein. Sie bestehen aus drei ineinander gehenden Räumen, wovon man einen (ehemaliges Herrenzimmer) durch Türen verschließen kann. Darin werden dann Geburts-

Der Garten mit dem herrlichen Blick auf den Jachthafen lädt zum Verweilen ein.

tage, auch mal eine Hochzeit mit bis zu 20 Personen, gefeiert, ohne das laufende Café-Geschäft zu stören. Ansonsten kann man nach Absprache auch die gesamten Räumlichkeiten zum Feiern nutzen.
„Wir haben ca. 60 Innen- und 70 Außenplätze. Ich bin studierte Wirtschaftswissenschaftlerin, arbeite aber als Geschäftsentwicklerin in einem amerikanischen Pharmakonzern und das Café ist mein zweites Standbein. Ich bin am Wochenende oder an Feiertagen in meinem Café, ansonsten habe ich wunderbare Angestellte, auf die ich mich verlassen kann. Da ich nebenan im Haupthaus wohne, habe ich immer ein Auge auf den Betrieb. Bei uns wird selbstverständlich alles selbst gebacken und die Auswahl an hausgemachten Torten und Kuchen, die nach alten Familienrezepten gefertigt werden, lassen keine Wünsche offen. Zum Beispiel das Rezept „Großer Hans“ ist noch von der Mutter meiner

Altes Kontorhaus der Fehmarn-Mühle mit Pagodensilo.

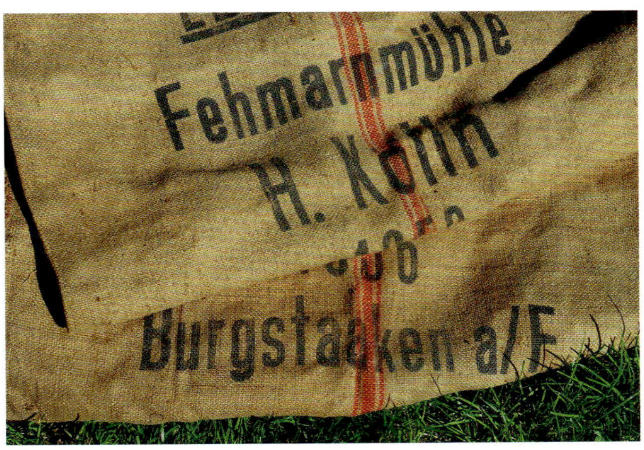

Schwiegermutter, also uralt. Es handelt sich dabei um einen typisch norddeutschen Kuchen, der in jeder Region anders heißt. Gäste, die lieber etwas Herzhaftes möchten, machen wir mit belegten Brötchen glücklich. In der Saison haben wir täglich ab 12:00 Uhr geöffnet. In der Hauptsaison bieten wir ab 7:30 Uhr auch einen Brötchenverkauf und Frühstücksservice an. Da stehen unsere Segler schon ganz früh Schlange. In der Vor- und Nachsaison haben wir nur an den Wochenenden geöffnet. Nach Absprache können bei uns auch Gruppen ab 20 Personen ein leckeres, norddeutsches Frühstück genießen.“
Das „Cafe Kontor“ ist mit vielfältigen und liebevoll ausgewählten Geschenk- und Deko-Artikeln bestückt, die man käuflich erwerben kann. Ein Caféausflug nach Ostholstein, über die beeindruckende Fehmarnsundbrücke auf die Insel Fehmarn ist eine Empfehlung von mir, die von Herzen kommt. Lassen Sie sich von der sehr charmanten Melanie Wiegel und ihrem Team verwöhnen. Der Wohlfühlfaktor ist garantiert.

Großer Hans –
Kuchen aus der
Puddingform

Großer Hans

Kuchen aus der Puddingform

8 Portionen

6 große Eier
500 g Butter
400 g Zucker
1 kg Mehl
2 Pck. Backpulver
4 Tassen Milch
200 g Rosinen
Puderzucker zum Bestäuben

Eier trennen und das Eiweiß steif schlagen. Butter schaumig rühren, Zucker und Eigelb dazugeben. Mehl mit dem Backpulver vermischen und nach und nach unterrühren. Milch hinzufügen. Rosinen dazugeben und den Eischnee unterheben.

Die Masse in einen verschließbaren Puddingtopf (auch Mehlbeutelform) füllen. Den Topf in ein heißes Wasserbad geben und 1 ½ Stunden darin garen. Danach etwas abkühlen lassen und auf einen großen Teller stürzen. Den großen Hans mit Puderzucker bestreuen und warm servieren.

Am besten passt dazu ein Kirschkompott mit Zimt oder auch Zwetschgenkompott mit Rum und/oder Zimt.

Ein uraltes Fehmarner Familienrezept.

Erdbeerbowle

12 Gläser

1 ½ kg Erdbeeren
300 g Zucker
750 ml eisgekühlter Weißwein
(Sorte nach Wahl, empfohlen wird ein trockener Grauburgunder oder Riesling)
375 ml Erdbeerwein
1 ½ FL (1 l) eisgekühlter Prosecco
12 Blätter Minze oder Zitronenmelisse

Erdbeeren waschen, putzen, trocken tupfen und je nach Größe halbieren oder vierteln. Mit dem Zucker vermischen und ca. 1 Stunde ziehen lassen, bis sich Saft gebildet hat.
Erdbeeren in ein Bowlegefäß füllen und mit dem Erdbeer- und Weißwein angießen. Die Flüssigkeit ca. 30 Minuten im Kühlschrank ziehen lassen.
Erdbeerbowle halbvoll in ein Weinglas füllen, mit Prosecco auffüllen und sofort servieren. Mit Minze oder Zitronenmelisse verzieren.

Schwarzwälder Kirschtorte

Biskuit:

5 Eier
175 g Zucker
100 ml Wasser
100 g Mehl
2 TL Backpulver
80 g Weizenstärke
2 EL Backkakao-Pulver
Fett für die Form

Eier, Zucker und Wasser 5 Minuten verrühren. Mehl, Backpulver und Weizenstärke sieben und unter die Masse heben. Kakaopulver unterrühren. Teig in eine gefettete 26-cm-Springform füllen und im vorgeheizten Backofen auf mittlerer Schiene 30 Minuten backen. Danach auskühlen lassen. Boden zweimal waagerecht durchschneiden. Den unteren Boden auf eine Tortenplatte setzen.

Belag:

1 Glas Sauerkirschen (680 g)
2 cl Kirschwasser
4 Becher Schlagsahne (á 200 ml)
1 Pck. Schokoraspel

Abgetropfte Kirschen mit dem Kirschwasser vermischen. Sahne steif schlagen. Den unteren Boden mit einer Schicht Sahne bestreichen, die Kirschen darauf verteilen und mit einer weiteren Schicht Sahne bedecken. Den zweiten Boden auflegen und wieder mit Sahne bestreichen. Mit dem dritten Boden als Deckel belegen, eine dünne Schicht Sahne auftragen und mit Schokoraspel verzieren. Restliche Sahne in einen Spritzbeutel füllen, kleine Häufchen darauf spritzen und mit Kirschen dekorieren.

Käsekuchen mit Erdbeeren

Mürbeteig:

250 g Mehl
125 g Zucker
125 g Butter
1 Ei
1 Pck. Vanillezucker
1 TL Backpulver
Fett für die Form

Aus den angegebenen Zutaten einen Mürbeteig bereiten. Den Teig zu einer Kugel formen, in Folie wickeln und 60 Minuten in den Kühlschrank stellen.

Käsebelag:

4 Eier
250 g Zucker
1 kg Magerquark
1 Becher saure Sahne (125 g)
1 Zitrone
3 EL Mehl
1 Becher Schlagsahne (125 ml)

Eier und Zucker schaumig rühren, den Quark langsam unterrühren, saure Sahne hinzugeben. Zitrone auspressen und den Saft mit dem Mehl in den Teig rühren. Zum Schluss die Sahne steif schlagen und vorsichtig unter die Masse heben.

Backofen auf 180 °C vorheizen, Umluft 160 °C.

Eine 26-cm-Springform einfetten, den Mürbeteig hineindrücken und einen kleinen Rand formen. Käsebelag auf den Tortenboden streichen. Springform auf mittlerer Schiene in den Backofen geben und 1 ½ Stunden backen. Den fertigen Kuchen langsam im Ofen bei geöffneter Backofentür abkühlen lassen.

Dekoration:

350 g Erdbeeren
Zucker
2 Becher Schmand

Erdbeeren halbieren oder vierteln (je nach Größe). Nach Geschmack und Süße der Frucht können die Erdbeeren gezuckert werden. Den Kuchen anschließend mit Schmand bestreichen und mit Erdbeeren dekorieren.

OzeanTorte

Zutaten:

5 Eier, getrennt
400 g Zucker
125 g Butter
4 EL Milch
2 TL Backpulver
125 g Mehl
1 Pck. gehobelte Mandeln
Fett für die Form

Für den Belag:

4 Becher Schlagsahne (á 200 ml)
Früchte nach Belieben:
Stachelbeeren (250 g), Erdbeeren (250 g) oder Pflaumenmus (1 Glas)

Eiweiß mit 200 g Zucker aufschlagen bis die Masse steif ist.
Eigelb, 125 g Butter, 200g Zucker und 4 EL Milch zu einem glatten Teig verrühren. Backpulver mit dem Mehl vermischen darüber sieben und untermischen.
Zwei 26-cm-Springformen einfetten. Jeweils die Hälfte des Teiges in die Formen geben und einen kleinen Rand drücken. Den Eischnee auf beiden Böden verteilen und mit den Mandeln bedecken. Formen im vorgeheizten Backofen bei 150 °C ca. 30 Minuten backen.
Zwischenzeitlich die gesamte Sahne schlagen.
Nachdem die Böden abgekühlt sind, aus den Springformen nehmen. Einen Boden auf eine Tortenplatte setzen und die erste Schicht Sahne auftragen. Mit der Fruchtschicht belegen und darauf noch einmal eine Sahneschicht streichen. Den zweiten Boden als Deckel darauf setzen. Torte über Nacht in den Kühlschrank stellen.

Vintage-Café Drømme Hus

Mit viel Liebe zum Detail wurde hier ein Ort geschaffen, wo man Köstlichkeiten in gemütlicher, entspannter Atmosphäre genießen kann.

An der Nordgrenze Schleswig-Holsteins, in der Mitte zwischen Flensburg und Niebüll, liegt der Wikinger-Ort Weesby, 1,5 km von der dänischen Grenze entfernt. Hier am Grenzroutenweg finden wir das zauberhafte Vintage-Café Drømme Hus, das von seiner charmanten Besitzerin Liliane Hansen, welche meist nur Lili genannt wird, betrieben wird. Sie erzählt uns:
„Ich bin eine echte Nordfriesin, in Niebüll geboren und erlernte den schönen Beruf einer Gärtnerin und durch die Liebe und anschließende Hochzeit kam ich nach Weesby. Als der Kaufmann im Dorf schloss, war es für mich selbstverständlich wieder etwas für den sozialen Treffpunkt zu tun. Ich eröffnete einen Tante-Emma-Laden mit ein paar Plätzen. Daraus entwickelte sich dann mit der Zeit unser „Café Drømme Hus". Der Tante-Emma-Laden ist inzwischen sehr geschrumpft, existiert aber im Miniformat immer noch, so dass man im Notfall Eier, Mehl, Zucker usw. bei uns kaufen kann.
Unser Café besteht aus einer überdachten Veranda und drei Caféräumen. Einer davon wird für das tägliche Frühstücksbuffet genutzt. Die anderen beiden Räume – mit großen Schiebetüren nach draußen auf die Terrasse – kann man zum Kaffeeklatsch oder für Feierlichkeiten nutzen. Gerade der kleine, gemütliche Raum eignet sich sehr gut für Geburtstagsfeiern. Man ist etwas getrennt vom täglichen Cafégeschäft. Ansonsten läuft man sich hier gerne über den Weg, denn das ist doch gerade das Interessante auf dem Lande: Viele Bekannte treffen. In meinen Räumen habe ich Platz für 38 Gäste und in der Außenanlage unbegrenzt viel.
In der gesamten Umgebung sind wir bekannt

für unser Frühstück, das inzwischen aber immer ziemlich ausgebucht ist. Es ist also notwendig, sich vorher anzumelden. Langschläfer können bei uns auch mal mittags frühstücken. Das wird von unseren Gästen sehr gut angenommen. Alle Teigwaren sind immer frisch, denn sie werden selbstverständlich täglich frisch gebacken. Unser „Wikinger" darf natürlich nie fehlen, auch bekannt als Trümmertorte mit unterschiedlichen Füllungen, je nach Saison – der Renner!! Für Gäste, die gerne einmal etwas Deftiges mögen, bieten wir unsere Drømme Hus-Platte an. Das ist eine kleine Brotzeit mit unserem super leckeren dänischen Schwarzbrot, dänischen Brötchen und Aufschnitt aus der Region. Konfirmationen, Geburtstage, Hochzeiten und andere Feierlichkeiten können hier stattfinden. Nach Absprache sogar an unseren Ruhetagen.

In meiner knappen Freizeit stehe ich gerne mit unseren Kindern Emmy und Nils in unserer privaten Küche, und wir backen und kochen zusammen. Daraus ist auch „Emmys Blaubeertraum" entstanden. Sehr erfolgreich war für uns natürlich unser Auftritt in der NDR-Sendung „Mein Nachmittag", wo ich mit unseren beiden Kindern den „Blaubeertraum" vorgestellt habe. Das hat das Publikum begeistert. Obwohl das Drømme Hus etwas abseits und versteckt in unmittelbarer Nachbarschaft zu Dänemark liegt, finden es Gäste auch von weither. Hamburger, Insulaner, natürlich auch Einheimische, und auch die Dänen machen sich auf die Socken.

Mein Vintage-Café ist ja bestückt mit vielen wunderschönen Gegenständen für Haus und Garten wie Geschirr, Möbel, Tischdecken, die man käuflich erwerben kann. Selbst der Stuhl, auf dem man sitzt. Bei uns kann man natürlich auch Urlaub machen. In unserem sehr süßen Ferienhaus „Snørkehus" (Schnarchhaus) ist Platz für 10 Personen. Durch unsere zentrale Lage ist man schnell in Flensburg und Niebüll. Dänemark, Nord- und Ostsee, denn das ist alles nicht weit entfernt. Kinder sind hier sehr willkommen und auch Hunde begrüßen wir herzlich, sie dürfen sogar mit ins Café."

Die bezaubernde Lili ist eine einfühlsame Gastgeberin und versucht, es allen Gästen recht zu machen, was ihr so gut wie immer gelingt. Köstlichkeiten in gemütlicher, entspannter Atmosphäre im Vintage-Café genießen, das hat was.

Das Vintage-Café ist bestückt mit wunderschönen skandinavischen Wohnaccessoires und zauberhaften antiken Möbeln, die alle käuflich zu erwerben sind.

Wikinger Törtchen

Wikinger Törtchen

3 STÜCK

BODEN:

2 Eigelb
40 g Zucker
½ Pck. Vanillezucker
60 g Margarine, zerlassen
60 g Mehl
½ TL Backpulver

Eigelb mit Zucker und Vanillezucker schaumig rühren. Mit der flüssigen Margarine, Mehl und Backpulver zu einem glatten Teig verrühren. Backblech mit Backpapier auslegen. 6 Tortenringe/Springformen (ca. 9 cm Durchmesser) darauf setzen. Den Teig auf die Förmchen verteilen und verstreichen.

BAISER:

2 Eiweiß
80 g Zucker
½ Pck. Vanillezucker
gehobelte Mandeln

300 g Schlagsahne, geschlagen
Obst nach Wahl (Beeren, Mandarinen oder auch Pflaumenmus)

Eiweiß steif schlagen. Zucker und Vanillezucker unter Rühren einrieseln lassen und so lange schlagen, bis sich der Zucker aufgelöst hat. Eischnee gleichmäßig auf den Böden verteilen. Mit einem Löffel ein Wellenmuster einarbeiten. Mit gehobelten Mandeln bestreuen. Im vorgeheizten Backofen bei 160 °C Umluft 20 Minuten backen. Danach erkalten lassen und aus den Ringen lösen.
Folgendermaßen schichten: Teig/Baiserboden – Sahne – Obst – Sahne – Teig/Baiserboden.

Emmys Blaubeertraum

TEIG:

2 Eigelb
35 g Zucker
100 ml Buttermilch
20 ml Öl
120 g Mehl
1 gestr. TL Backpulver
½ TL Natron
1 TL Zitronenabrieb, unbehandelt
1 Pck. Vanillezucker
1 Prise Salz
200 g Blaubeeren (oder andere Beeren)
Fett für die Form

Eigelb und Zucker cremig rühren, die restlichen Zutaten hinzufügen und kurz zu einem glatten Teig verarbeiten. Anschließend in eine gefettete 26-cm-Springform geben und die Blaubeeren darauf verteilen (etwa die Hälfte für die Dekoration aufheben), sie sinken dann leicht beim Backen ein. Bei 175 °C Ober- und Unterhitze ca. 25 Minuten backen. Mit der Stäbchenprobe prüfen, ob der Teig gar ist. Danach abkühlen lassen.

BAISER:

2 Eiweiß
1 Prise Salz
1 Spritzer Zitronensaft
50 g Zucker

Eiweiß mit 1 Prise Salz und Zitronensaft steif schlagen. Zucker in die steife Masse einrieseln lassen und weiter schlagen, bis das Eiweiß zu glänzen beginnt. Mit einem Löffel Baisertropfen auf Backpapier portionieren und diese dann im Backofen bei 100 °C für 1 ½ Stunden trocknen.

MANDELKROKANT:

40 g Butter
50 g Zucker
80 g gehobelte Mandeln

Butter in der Pfanne zerlassen und den Zucker darin leicht karamellisieren. Mandeln hinzugeben und darin bräunen. Mandelkrokant aus der Pfanne nehmen, abkühlen lassen und etwas zerkleinern.

Füllung:

100 g Blaubeer-Konfitüre
500 ml Schlagsahne
Mark einer ½ Vanilleschote
1 EL Zucker

Die Blaubeer-Konfitüre auf dem ausgekühlten Boden verteilen. Sahne mit Vanillemark und Zucker steif schlagen und als weitere Schicht auftragen. Das Baiser zerbröseln und großzügig auf die Sahne streuen. Mandelkrokant und Blaubeeren darüber geben.

Variante im Glas:

Den Grundteig wie bei der Torte backen. Nach dem Abkühlen mit den Händen oder einem Mixer zerkrümeln. Blaubeer-Konfitüre mit etwas Wasser verdünnen (ca. 2:1), um sie geschmeidiger zu machen. Danach in die vorbereiteten Gläser als erste Schicht einfüllen. Darüber die Tortenbrösel schichten. Die Sahne wird in dieser Variante nicht ganz so steif geschlagen, damit sie sich als dritte Schicht cremig in den Hohlräumen verteilt.
Ebenfalls mit Baiserstücken, Mandelkrokant und Blaubeeren bestreuen.

Tipp:
Die Baiserzutaten verdoppeln, damit der Backofen besser ausgelastet ist. Man kann es gut wegnaschen oder für andere Zwecke verwenden.

Florentiner Apfelküchlein mit Eis

ca. 14 Stück

Rührteig:

250 ml Schlagsahne
250 g Zucker
1 Pck. Vanillezucker
4 Eier
300 g Mehl
1 Pck. Backpulver
Abrieb von 1 Zitrone, unbehandelt
1 Prise Salz

Aus den Zutaten einen Rührteig herstellen und auf gebutterte 8,5 cm große Springförmchen verteilen.

1,5 kg säuerliche Äpfel (z.B. Elstar)
1 TL Zimt

Äpfel schälen, entkernen, in kleine Würfel schneiden und mit dem Zimt vermengen. Anschließend auf die Springformen verteilen und ein wenig in den Teig drücken.
Im vorgeheizten Backofen bei 180 °C Umluft 15 Minuten backen.

110 g flüssige Butter
180 g brauner Zucker
2 Pck. Vanillezucker
4 EL Schlagsahne
180 g gehackte Mandeln

Die restlichen Zutaten vermengen. Die Masse auf die vorgebackenen Küchlein verteilen und weitere 15 Minuten backen, bis eine schöne braune Kruste entstanden ist.
Besonders lecker schmecken sie noch warm mit Vanilleeis und Sahne.

Drømme Kage

120 g Butter
175 g Mehl
1 Prise Salz
60 g brauner Zucker

Butter, Mehl, Salz und Zucker so lange verrühren, bis sich der Teig bindet. Eine quadratische ca. 25x25-cm Backform mit Backpapier belegen und die Ränder einbuttern. Teig hinein füllen und glattstreichen. Im vorgeheizten Backofen bei 180 °C Umluft 20–25 Minuten backen, bis der Teig goldgelb ist. Danach sehr gut auskühlen lassen.

175 g Butter
120 g brauner Zucker
3 EL Zuckerrübensirup
400 ml Kondensmilch
200 g Zartbitter-Schokolade
50 g weiße Schokolade

Für den Karamell Butter, Zucker, Sirup und Kondensmilch in einem Topf erhitzen und unter Rühren einkochen, bis der Karamell zähflüssig ist. Das ist Gefühlssache, ganz wichtig ist jedoch, dass die ganze Flüssigkeit verdunstet ist. Masse auf dem kalten Boden verteilen und 2 Stunden kühl stellen. Schokolade im Wasserbad erhitzen und nacheinander Zartbitter- und weiße Schokolade auf der abgekühlten Karamellmasse verteilen. 2 Stunden fest werden lassen und in Stücke schneiden.

Himbeer-Buttermilchtorte

Biskuit:

4 Eigelb
160 g Zucker
1 Pck. Vanillezucker
4 EL Wasser
130 g Mehl
50 g Kartoffelmehl
½ Pck. Backpulver
1 Prise Salz
4 Eiweiß

Eigelb mit Zucker, Vanillezucker und Wasser cremig schlagen. Mehl mit Kartoffelmehl, Backpulver und Salz vermischen, in die Eigelbmasse sieben und verrühren. Eiweiß zu Schnee schlagen und vorsichtig unterheben. Teig in eine mit Backpapier ausgelegte 26-cm-Springform füllen und im vorgeheizten Backofen bei 160 °C Ober- und Unterhitze 40 Minuten backen. Danach auskühlen lassen. Boden dreimal waagerecht durchschneiden.

Füllung:

300 g TK-Himbeeren
Abrieb und Saft von 1 Zitrone, unbehandelt
150 g Zucker
2 Pck. Vanillezucker
300 ml Buttermilch
1 Pck. (2Btl.) Gelatinefix
700 ml Schlagsahne
2 Pck. Sahnesteif

außerdem:
Himbeerkonfitüre
frische Himbeeren
Puderzucker
frische Minze

Himbeeren auftauen und mit Zitronenabrieb und –saft, Zucker, Vanillezucker und Buttermilch pürieren. Gelatinefix einrühren und kühl stellen. Schlagsahne mit Sahnesteif steif schlagen. Sobald die Himbeermasse anzieht, unter die Schlagsahne heben.
Einen 26-cm-Tortenring auf einen Tortenteller stellen. Den untersten Boden mit Konfitüre be-

streichen und in den Ring legen. Ein Drittel der Masse darauf verstreichen. Den zweiten Boden ebenfalls mit Konfitüre bestreichen und auf die Masse setzen. Frische Himbeeren dicht an dicht am Innenrand des Tortenringes auf den bestrichenen Tortenboden setzen. Ein weiteres Drittel der Masse auf dem Boden verteilen, so dass die Himbeeren komplett verdeckt werden. Den dritten Boden ebenso mit Konfitüre bestreichen und auf die Masse legen. Das letzte Drittel der Masse auf dem Tortenboden verteilen. Den vierten Boden als Deckel darauflegen. Torte ca. 5 Stunden kühl stellen.

Tortenring entfernen und mit frischen Himbeeren, Puderzucker und frischer Minze dekorieren.

Weesbyer Mohn

Saftiger Mohnkuchen (weizenfrei)

5 Eiweiß
150 g flüssige Margarine
175 g brauner Zucker
1 Pck. Vanillezucker
5 Eigelb
250 g Mohnback
200 g gemahlene Mandeln
50 g Kartoffelstärke
½ Pck. Backpulver
1 Prise Salz
Puderzucker
Zitronensaft
gehackte Mandeln

Eiweiß steif schlagen und zur Seite stellen. Zutaten von Margarine bis Mohnback mit dem Mixer vermengen. Mandeln, Stärke, Backpulver und Salz unterrühren. Zum Schluss den Eischnee mit einem Gummilöffel vorsichtig unterheben. Eine 24-cm-Springform mit Backpapier belegen und den Rand buttern. Teig einfüllen und im vorgeheizten Backofen bei 170 °C Umluft ca. 40 Minuten backen. Danach auskühlen lassen. Aus Puderzucker und Zitronensaft eine Glasur herstellen und auf dem erkalteten Kuchen großzügig verteilen. Mit gehackten und ganzen ungeschälten Mandeln bestreuen.

Mandelhörnchen

400 g Marzipanrohmasse
200 g Puderzucker
2 Eiweiß
3 Tropfen Bittermandelaroma
50 g gemahlene Mandeln
1 TL Backpulver
1 EL Zitronensaft

Alle Zutaten mit dem Handrührgerät verkneten, bis eine gleichmäßige Masse entstanden ist.

200 g gehobelte Mandeln
Kuvertüre

Von der Marzipanmasse Esslöffelmengen abstechen, in den gehobelten Mandeln wenden und Hörnchen daraus formen. Anschließend auf ein mit Backpapier belegtes Backblech setzen und im vorgeheizten Backofen bei 180 °C Ober- und Unterhitze 12–15 Minuten backen. Kuvertüre schmelzen und in Fäden auf den Hörnchen verteilen.

Café Katchen

Nach einem Spaziergang an der Elbe sollte man anschließend unbedingt im kuscheligen Café Katchen einkehren und die leckeren Kuchen und Torten probieren.

Ich suche ja immer nach Geheimtipps für unsere Café-Buch-Reihe, und tatsächlich bin ich fündig geworden: direkt an der Elbmündung, gleich hinterm Deich in Brunsbüttel, liegt die zauberhafte kuschelige Reetdachkate von Katja Hackert und Ernst-Otto Wilkens. Das „Café Katchen". Und das kam so …

Im Winter bekam ich eine E-Mail von Katja Hackert, und sie schrieb mir, ob in meinem nächsten Buch auch ein Plätzchen für ihr Café frei sei. Momentan sei der Komplex noch eine Baustelle aber im Juni dieses Sommers wollten sie eröffnen. So etwas nehme ich immer sehr gerne auf und verabredete mich mit ihr. Ich sah vier Mauern, ein Dach und eine Grube und es bedurfte großer Fantasie, sich vorzustellen, wie es hier einmal aussehen würde. Katja konnte mir aber alles mit so viel Engagement und Freude erklären und mich überzeugen, dass hier eine „Puppenstube" entstehen würde, und ich bekam richtig Lust auf dieses Projekt.

Ernst-Otto Wilkens ist der Betreiber des „Café Katchen" und führt es zusammen mit seiner charmanten Partnerin Katja Hackert. Er betreibt Landwirtschaft, und vor Jahren erweiterte er dann seinen Betrieb durch Feriengäste. Daraus wurde der Ferienhof Wilkens im Kaiser-Wilhelm-Koog in Dithmarschen. Ernst-Otto zog sich aber immer mehr aus der Landwirtschaft zurück und suchte mit seiner Katja ein Wohnhaus in Brunsbüttel. Beim Anschauen vieler Häuser stießen sie auf diese alte Kate. Beide standen auf dem Deich und schauten hinunter auf das Haus, und Katja war sofort so begeistert, dass sie sagte: „Da mache ich ein Café draus." Es kam also überhaupt nicht mehr als Wohnhaus in Frage, aber bei der einmaligen Lage war es als Café ein Traum. Die Schiffe schraben fast an der Kaffeetasse vorbei, und die Gäste lieben gemütliche Reetdachkaten. Man kann an der Elbe spazieren gehen, den großen Pötten nachschauen, anschließend im Café Kaffee und Kuchen genießen und sich von Katja und ihrem sympathischen Team verwöhnen lassen. Katja kommt ursprünglich aus Berlin. Aus beruflichen Gründen reiste sie sehr viel und ist dann vor neun Jahren in Dithmarschen hängen geblieben. Dort lernte sie Ernst-Otto kennen und die beiden wurden ein Paar.

„Für mich war es eine große Freude, dass Ernst-Otto von dem Projekt und der Idee genauso begeistert war wie ich, und so schaffen wir hier gemeinsam", berichtet Katja. „Jeder von uns hat seine Aufgaben. Eigentlich bin ich von Beruf Sozialversicherungsfachangestellte. Alles, was hier von mir gefordert wird, musste ich mir selbst aneignen. Das Haus ist ca. 90 Jahre alt, eine typische Reetdachkate, wie man sie hier im Norden noch oft finden kann. Nach vielen Umbauten und Sanierungen konnten wir im Juni 2017 eröffnen. Wir haben 30 Innen- und 10 Außenplätze. Selbstverständlich backen wir alles selbst und unsere Kuchen- und Tortenauswahl ist groß. Wir versuchen, uns durch Besonderheiten von anderen Cafés abzusetzen. Zum Beispiel mit unseren Avocado-Beeren-Törtchen und Spekulatius-Tiramisu im Glas, Baumkuchen am Stiel und natürlich unserer Highlight-Torte: Stachelbeer-Baiser. Unsere Gäste sind begeistert. Außerdem gibt es bei uns ein Tomatensüppchen, würzige Quiches oder eine kleine Brotzeit mit Zutaten aus der Region. Wir haben eine ganz tolle Crew, die sich um unsere Gäste sehr bemüht.

Das „Café Katchen" ist ganzjährig geöffnet, täglich von 14:00–18:00 Uhr. Natürlich kann man bei uns auch Gesellschaften feiern. Dafür würden wir auch für einen Tag schließen. Nach Absprache versuchen wir jeden Wunsch unserer Gäste zu erfüllen und auf Anfrage bieten wir auch ein Schlemmerfrühstück an."

Hier in diesem Café ist es einfach zu jeder Jahreszeit schön. Im Sommer kann man draußen unter Obstbäumen sitzen und im Winter in einem sehr ausgewählten Ambiente am Kaminfeuer lauschige, kuschelige Stunden verbringen. Katja und Ernst-Otto haben hier etwas ganz besonderes geschaffen. Wirklich ein Geheimtipp.

Dieses Schmuckkästchen steht in Brunsbüttel direkt hinter dem Deich.

Limetten-Biskuitrolle

Limetten-Biskuitrolle

Eine runde Sache …
Frische trifft Sahnetraum

Biskuit:

8 Eigelb
100 g Zucker
4 Eiweiß
80 g Mehl
20 g Speisestärke

Eigelb mit der Hälfte des Zuckers schaumig rühren. Eiweiß mit dem restlichen Zucker steif schlagen und unter die Eigelbmasse heben. Mehl und Speisestärke vermischen, darüber sieben und unterziehen. Teig auf ein mit Backpapier belegtes Backblech streichen und im vorgeheizten Backofen bei 220 °C Ober- und Unterhitze auf mittlerer Schiene 8–12 Minuten backen.

Die Teigplatte auf ein mit Zucker bestreutes Tuch stürzen und das Backpapier abziehen. Biskuit mit einem feuchten Tuch bedeckt erkalten lassen.

Füllung:

Saft und Abrieb von 5 Bio-Limetten
1 Limette in Scheiben schneiden (Deko)
750 ml Schlagsahne
3 Pck. Sahnesteif
150 g Zucker
Puderzucker zum Bestreuen

Limetten auspressen, es werden ca. 100 ml Saft benötigt. Limettenschalen abreiben. Sahne mit Sahnesteif und Zucker steif schlagen und mit dem Limettensaft und -abrieb mischen. Das feuchte Tuch entfernen und die Limettensahne auf den Biskuitboden streichen. Die Teigplatte mit Hilfe des Tuches zur Rolle formen. Mit Puderzucker und Limettenscheiben dekorieren.

Vulkan Törtchen

FÜR 8–10 MINI-VULKANE AUS MAGMA, LAVA UND EIS

WIENER BODEN, HELL:

5 Eier
110 g Zucker
1 Prise Salz
75 g Mehl
50 g Speisestärke
40 g Margarine, geschmolzen

Eier, Zucker und Salz über einem warmen Wasserbad schaumig schlagen bis die Masse Stand hat (ca. 5 Minuten). Danach vom Wasserbad nehmen und noch eine Minute kalt schlagen. Mehl und Speisestärke vermischen, darüber sieben und langsam unterheben. Die 50 °C warme Margarine unterheben.
Teig auf einem mit Backpapier belegten Backblech verteilen und im vorgeheizten Backofen bei 180 °C Ober- und Unterhitze auf mittlerer Schiene ca. 20 Minuten backen.

WIENER BODEN, DUNKEL:

7 Eier
150 g Zucker
1 Prise Salz
80 g Mehl
60 g Speisestärke
30 g Kakao
50 g Margarine, geschmolzen

Zubereitung wie beim hellen Boden, nur mit Kakao anreichern.

Aus den ausgekühlten Teigplatten mit einem Ring oder Glas Kreise ausstechen. Beim dunklen Boden 10 cm und 8 cm Durchmesser. Beim hellen Boden 9 cm und 7 cm Durchmesser.

FÜLLUNG:

800 g Schmand oder Crème fraîche
200 g Zucker
2 TL Zitronensaft
120 g gehackte Walnusskerne
1 Glas Kirschen (350 g Abtropfgewicht)
1 EL Speisestärke

Schmand und Zucker 5 Minuten locker cremig schlagen. 2 TL Zitronensaft untermischen. Bis zur Verarbeitung kühl stellen.
Den dunklen Boden (10 cm) mit der Creme bestreichen und mit Walnüssen bestreuen. Den hellen Boden (9 cm) darauf legen und ebenfalls mit Creme bestreichen. Zusätzlich ein paar abgetropfte Kirschen darauf verteilen. Es folgt der dunkle Boden (8 cm) mit einer Cremeschicht. Abschluss bildet der helle Boden (7 cm), bei dem in der Mitte ein 2 cm großes Loch ausgeschnitten wird. So entsteht ein kleiner Vulkan. Den ganzen Vulkan mit Creme einstreichen und kalt stellen.
Die restlichen Kirschen und den Saft aufkochen, mit der Speisestärke andicken und kalt stellen. Danach kräftig rühren. Davon 2 EL in die kleine Vulkanöffnung füllen und als Lava über den Vulkan rinnen lassen.

Spekulatius-Tiramisu

Für 8–10 winterliche Grüsse aus Italien

Gewürzspekulatius:

125 g Butter, Zimmertemperatur
250 g Zucker
1 Pck. Vanillezucker
1 Prise Salz
½ Pck. Spekulatiusgewürz
250 g Mehl
½ TL Backpulver
8 Eier (Größe M)

Butter, Zucker, Vanillezucker, Salz und Spekulatiusgewürz vermischen. Mehl, Backpulver und Eier dazugeben und zu einem Teig rühren. Anschließend dünn auf zwei mit Backpapier belegte Backbleche verteilen und glatt streichen. Im vorgeheizten Backofen bei 180 °C Ober- und Unterhitze auf mittlerer Schiene 15–20 Minuten backen. Anschließend bei ausgeschaltetem Backofen ca. 30 Minuten trocknen lassen. Nach dem Austrocknen kann der Teig in unterschiedlich große Stücke gebrochen werden und in Dosen oder Gläsern gelagert werden.
Für das Tiramisu werden 200 g Gewürzspekulatius benötigt. Der Rest dient als Vorrat.

Füllung:

300 g TK-Himbeeren
1 Pck. Vanillezucker
Saft und Abrieb von 1 Orange, ungespritzt
250 ml Schlagsahne
50 g Puderzucker
1 TL Zimt
250 g Mascarpone
etwas Backkakao zum Bestreuen

Himbeeren auftauen und mit Vanillezucker und Orangen-Abrieb vermischen. Sahne mit Puderzucker steif schlagen. Anschließend Zimt und den Mascarpone zügig unterrühren, bis die Masse glatt ist.
Die Gewürzspekulatius-Stücke in kleine Weckgläser (8–10 cm Durchmesser) füllen, bis der Boden gut bedeckt ist und mit etwas Orangensaft beträufeln. Beim Schichten fängt man mit der Mascarpone-Zimtsahne an, darauf eine Schicht Himbeeren und wieder eine Schicht Mascarpone-Zimtsahne.
Mit etwas Kakaopulver bestreuen.

Avocado-Beeren-Törtchen

Für 8–10 vegane Jungbrunnen-Törtchen

Amaranth-Boden:

75 g geröstete Mandeln
50 g gepopptes Amaranth
70 g Agavendicksaft
1 Msp. gemahlene Vanille
1 Prise Salz
40 g Mandelmus

Die gerösteten Mandeln im Küchenmixer fein mahlen. Alle Zutaten mit einer Gabel vermischen und auf ca. 8–10 Glasschälchen/Weckgläser (8–10 cm Durchmesser) verteilen. Den Boden mit einem Löffel andrücken und kühl stellen.

Füllung:

7 ½ Avocados
160 g Kakaobutter
70 ml frisch gepresster Zitronensaft
Abrieb von 2 Bio-Zitronen
235 g Agavendicksaft

Avocados halbieren, Kerne entfernen und das Fruchtfleisch mit einem Löffel herauslösen. Kakaobutter im Wasserbad schmelzen und mit Zitronensaft und -abrieb, Avocadofleisch und Agavendicksaft im Mixer zu einer feinen Creme pürieren.
Die Gläser mit dem Amaranth-Boden aus der Kühlung nehmen. Avocadocreme gleichmäßig darauf verteilen und über Nacht in den Kühlschrank stellen.

Belag:

250 g Himbeeren
250 g Blaubeeren
2 EL Kokosraspel

Früchte waschen und abwechselnd im Kreis auf der Creme in den Gläsern arrangieren. Mit Kokosraspel bestreuen.

Baumkuchen am Stiel

30 mal Spass für Jung und Alt

Rührteig:

400 g Butter oder Margarine
400 g Zucker
2 Pck. Vanillezucker
100 ml Rum oder Milch
1 Prise Salz
7 Eigelb (Größe M)
7 Eiweiß (Größe M)
240 g Mehl
160 g Speisestärke
1 Pck. Backpulver

Butter/Margarine, etwas Zucker, Vanillezucker, Rum, Salz und nach und nach das Eigelb in einer Schüssel verrühren. In einer weiteren Schüssel den Rest Zucker mit dem Eiweiß zu Schnee schlagen und unter die Zucker/Eigelbmasse heben. Anschließend das gesiebte Mehl, Speisestärke und Backpulver unterheben.

Eine 26-cm-Springform mit Backpapier belegen. Ca. 3 EL Teig dünn in der Backform verstreichen und im vorgeheizten Backofen bei 250 °C auf mittlerer Schiene goldgelb backen. Diesen Vorgang Schicht für Schicht wiederholen, bis der Teig aufgebraucht ist. Das heißt, immer wieder eine neue Schicht frischen Teig auf dem gebackenen Teig verstreichen. Dadurch entstehen die typischen Teiglagen eines Baumkuchens. Durch leichtes Eindrücken prüfen ob die Schicht durchgebacken ist. Nach dem Backen vorsichtig aus der Form stürzen und abkühlen lassen. Torte in kleine ca. 2,5 cm x 3,5 cm große Stücke schneiden und auf ein Holzstäbchen spießen. Man kann die Torte natürlich auch in jede beliebige Form schneiden.

Überzug:

1 Glas feine Aprikosenkonfitüre, ohne Stücke
500 g Zartbitter-Kuvertüre
evtl. bunte Streusel

Aprikosenkonfitüre erhitzen und die Baumkuchen damit bestreichen. Anschließend die Kuvertüre im Wasserbad schmelzen und die Baumkuchen damit überziehen. Nach Belieben mit bunten Streuseln verzieren.

Him-Secco

Eine fruchtig-spritzige Erfrischung

1 Glas:

150 ml trockener Sekt
50 ml sehr sprudeliges Mineralwasser
5 Eiswürfel
5 Himbeeren
3 Blätter Zitronenmelisse
1 cl Himbeerlikör

Sekt und Wasser in ein Glas füllen. Eiswürfel, Himbeeren und Zitronenmelisse dazugeben. Den Himbeerlikör in ein separates Glas geben und vom Rand langsam in den Sekt laufen lassen. So entsteht eine herrliche Farbe, von unten tief rot bis oben ganz hell. Dazu einen Strohhalm reichen.

Mangotorte Coconut

Karibikfeeling an der Nordsee

Wiener Boden, dunkel:

7 Eier
150 g Zucker
1 Prise Salz
80 g Dinkelmehl
60 g Speisestärke
30 g Kakao
50 g Margarine, geschmolzen
1 Schuss Orangensaft zum Beträufeln der Böden

Eier, Zucker und Salz über einem Wasserbad mit dem Mixer schaumig schlagen, bis die Masse Stand hat (ca. 5 Minuten). Danach vom Wasserbad nehmen und noch 1 Minute kalt schlagen. Durchsiebtes Mehl, Speisestärke und Kakao langsam unterheben. Die 50 °C warme Margarine unterheben. Teig in eine mit Backpapier ausgelegte 26-cm-Springform füllen und im vorgeheizten Backofen bei 180 °C Ober- und Unterhitze auf mittlerer Schiene ca. 20 Minuten backen. Danach auskühlen lassen. Boden auf eine Tortenplatte setzen und einmal waagerecht durchschneiden. Den unteren Boden mit einem Tortenring umlegen. Beide Böden mit etwas Orangensaft beträufeln.

Füllung:

2 reife Mangos
oder 1 Dose Mango in Scheiben
(230 g Abtropfgewicht)
1 Pck. Vanille-Puddingpulver
250 ml Orangensaft
(oder Mangosaft aus der Dose)
750 ml Schlagsahne
3 Pck. Sahnesteif
150 ml Mangomus
Kokosraspel von ½ Kokosnuss

Frische Mangos schälen und in kleine Stücke schneiden. Ein paar Stücke für die Dekoration zurückhalten.

Puddingpulver mit 3 EL Orangensaft oder Mangosaft aus der Dose anrühren. Mangostücke mit dem restlichen Orangen- oder Mangosaft auf-

kochen und das Puddingpulver einrühren. Kurz aufkochen und unter Rühren abkühlen lassen. Die noch nicht erstarrte Fruchtmasse auf dem unteren Boden verteilen.
Sahne mit Sahnesteif steif schlagen. ¼ der Sahne für die Dekoration zurückhalten. Restliche Sahne auf der Fruchtmasse verstreichen und den zweiten Boden daraufsetzen. Tortenring lösen. Torte mit Sahne bestreichen und einen Spiegel aus Mangomus in die Mitte setzen. Mit Mangostücken, Sahnetupfen und Kokosraspel verzieren.

Burger Fährhaus

Der großzügige Innenraum ist mit ausgesuchten Möbeln aus der Biedermeier- und Jugendstilzeit eingerichtet, eine Mischung aus Nostalgie und Moderne. Durch die großen Fenster hat man die Schiffe und Fähre immer im Blick.

Es schlug ein wie ein Blitz und war Liebe auf den ersten Blick, als Veronika und Kai Röttger bei einer Fahrradtour entlang des Nord-Ostsee-Kanals in dem kleinen Städtchen Burg in Dithmarschen auf der gegenüber liegenden Seite das wunderschöne, romantische Burger Fährhaus entdeckten. Ein Etablissement, das sie lange suchten, um ein Restaurant mit Café zu eröffnen, und von dem sie schon lange träumten. Es sollte etwas Spektakuläres sein, etwas, in das man sein ganzes Herzblut investiert. Die zauberhafte Veronika stammt ursprünglich aus der Slowakei und ist eine studierte Hotelmanagerin und Köchin. Kai ist ein energiegeladener Betriebswirt und Unternehmer.

Das „Burger Fährhaus" ist genauso alt wie der Nord-Ostsee-Kanal und liegt an der Fähre, mit der man in Burg den Kanal überquert. Die beiden hatten Glück, denn das Fährhaus stand zum Verkauf, und schon bald konnten sie es 2012 kaufen und anfangen, alles innen und außen nach ihren Vorstellungen zu gestalten. Wunderschön und herausgeputzt steht es nun seitdem da und lädt seine Gäste zu Speis, Trank und gemütlicher Übernachtung ein. Sechs Gästezimmer tragen dazu bei, einen schönen Urlaub verbringen zu können. Nicht zuletzt das Interieur ist für die Besucher sehr anziehend, denn die Räumlichkeiten sind eine Mischung aus Nostalgie und Moderne, mit geschmackvoll ausgesuchten Möbeln aus der Biedermeier- und Jugendstilzeit. Im Innenraum ist Platz für 90 Gäste und 120 Gäste finden auf der wunderschönen Terrasse Platz. Von hier aus hat man einen stimmungsvollen Blick auf die Fähre und die vorbeifahrenden Schiffe. Ein kuscheliger Wohlfühlplatz an kühlen Tagen ist der Bereich um den großen Kachelofen im lichtdurchfluteten Gastraum, in dem saisonal Herzhaftes aufgetragen wird. Nachmittags gibt es natürlich Kaffee und Kuchen aus Veronikas Zauberküche, allen voran die Trümmertorte in verschiedenen Variationen … aber bitte mit Sahne! Das sehr große Tortenrepertoire unterscheidet sich natürlich in den Jahreszeiten.

Vom Burger Fährhaus hat man eine fantastische Aussicht auf die Schiffe im Kanal und den Fährbetrieb.

Im Sommer können bei Veronika und Kai auch Gesellschaften bis zu 120 Personen feiern. Dann werden der Garten und die Terrasse mit einbezogen und im Winter können bis zu 70 Personen untergebracht werden. Hochzeiten, Taufen und runde Geburtstage finden hier statt und auch Arrangements werden von den sympathischen Gastgebern angeboten. Zum Beispiel kann man feiern, die Gästezimmer zur Übernachtung nutzen und am nächsten Morgen das Frühstücksbuffet genießen. Nicht nur Hotelgäste, sondern auch viele Passagiere, die auf die Fähre warten, entschließen sich, im „Burger Fährhaus“ vorbeizukommen und zu frühstücken oder sich mit Kaffee und Kuchen verwöhnen zu lassen. Auch Fahrradtouristen machen sehr gerne Rast, denn Radwandern entlang des Nord-Ostsee-Kanals ist sehr beliebt. Von der Nordsee bis zur Ostsee – quer durch Schleswig-Holstein, Seite an Seite von Traumschiffen, Containerschiffen und Seglern.

Beim Blick auf die vorbeifahrenden großen Pötte kommt man ins Träumen.

Eine einzigartige Besonderheit ist Kais eigens gebrautes Bier, das „Fährhaus Bräu“, welches sich durch einen speziellen Geschmack auszeichnet. Man kann es frisch vom Fass gezapft oder auch in Flaschen genießen.

All dieses strahlt eine ganz besondere Atmosphäre aus und lässt den Besuch im „Burger Fährhaus“, direkt am Nord-Ostsee-Kanal, zu einem unvergesslichen Erlebnis werden.

Schoko-Amaretto-Torte

Schoko-Amaretto-Torte

Biskuit:

6 Eier
200 g Zucker
50 ml Wasser
200 g Mehl
50 g Kakao
1 Pck. Backpulver

Eier und Zucker schaumig schlagen, bis sich die Menge verdoppelt hat. Das Wasser langsam dazugeben. Mehl, Kakao und Backpulver vermischen und unter die Eimasse heben. Teig in eine mit Backpapier ausgelegte 26-cm-Springform füllen und im vorgeheizten Backofen bei 175 °C 40 Minuten backen. Danach auskühlen lassen. Boden auf eine Tortenplatte setzen und zweimal waagerecht durchschneiden.

Füllung:

800 ml Schlagsahne
150 g Zartbitter-Kuvertüre
40 ml Amaretto

Sahne und Kuvertüre am Vortag aufkochen, bis die Schokolade geschmolzen ist. Über Nacht in den Kühlschrank stellen. Am nächsten Tag aufschlagen und den Amaretto dazugeben. 2/3 der Sahne auf den Böden verteilen und aufeinandersetzen. Torte mit der restlichen Sahne verzieren.

Beerenkuchen mit Streusel vom Blech

Rührteig:

250 g Butter
250 g Zucker
4 Eier
250 g Mehl
70 g Speisestärke
1 Pck. Backpulver
1 kg TK-Beeren (Himbeeren, Brombeeren, Erdbeeren, Johannisbeeren oder gemischt, nach Geschmack)

Butter, Zucker und Eier schaumig schlagen. Mehl, Stärke und Backpulver vermischen und unter die Eimasse rühren. Backblech mit Backpapier belegen, den Teig darauf verstreichen und die Beeren gleichmäßig auf dem Teig verteilen.

Streusel:

100 g Mehl
75 g Zucker
1 Pck. Vanillezucker
75 g Butter

Mehl, Zucker und Vanillezucker vermischen und die Butter in kleinen Stücken dazugeben. Alles zusammen verkneten, bis eine krümelige Masse entsteht. Die Streusel auf den Beeren verteilen und anschließend im vorgeheizten Backofen bei 200 °C ca. 40 Minuten backen.

Florentiner-Nusstorte

Nussboden:

6 Eigelb
3 EL Wasser
5 Tropfen Zitronen-Aroma
125 g Zucker
1 Pck. Vanillezucker
100 g Marzipanrohmasse
100 g Mehl
2 gestr. TL Backpulver
100 g gemahlene Haselnüsse
75 g zerlassene Butter
6 Eiweiß

Eigelb mit Wasser und Aroma schaumig schlagen. Zucker und Vanillezucker einrieseln lassen und gut verrühren. Marzipan in kleine Würfel schneiden und unterrühren. Mehl, Backpulver und Haselnüsse vermischen und unterheben. Butter ebenfalls dazu geben. Eiweiß steif schlagen und unterheben. Teig in eine mit Backpapier ausgelegte 26-cm-Springform füllen und im vorgeheizten Backofen bei 160 °C Heißluft ca. 40 Minuten backen. Danach auskühlen lassen.

Knetteig:

250 g Mehl
1 gestr. TL Backpulver
100 g Zucker
175 g Butter

Mehl, Backpulver und Zucker vermischen. Butter dazugeben und zu einem glatten Teig kneten. Teig in zwei Teile teilen und auf zwei mit Backpapier belegte 26-cm-Springformen verteilen.

Belag:

40 g Butter
40 g Zucker
40 ml Schlagsahne
10 g Honig
40 g gehobelte Mandeln

Butter, Zucker, Sahne und Honig zusammen aufkochen und dann die Mandeln unterrühren. Die Mandelmasse auf einem der Knetteige verteilen und beide Böden im vorgeheizten Backofen bei 180 °C Heißluft ca. 15 Minuten backen. Den Mandelboden sofort in 16 Stücke schneiden.

Zum Tränken:

60 g Zucker
1 ½ EL Wasser
6 EL Rum

Alle Zutaten in einem Topf erhitzen bis sich der Zucker aufgelöst hat. Den Nussboden von beiden Seiten damit tränken.

Zum Bestreichen:

100 g Halbbitter-Kuvertüre
200 g Nuss-Nougat

Kuvertüre und Nuss-Nougat hacken und im Wasserbad schmelzen. Den unteren Knetteigboden damit bestreichen, den Nussboden darauf setzen und auch diesen mit der Kuvertüre bestreichen. Die Mandelecken daraufsetzen. Den Rand zum Schluss mit dem Rest der Kuvertüre bestreichen.

Irish Coffee

1 Person

1 TL brauner Zucker
3 cl Whisky
50 ml Espresso
1 Schuss Wasser
Sahne, leicht angeschlagen

Glas mit heißem Wasser ausspülen. Zucker in einem hitzebeständigen Glas mit Whisky verrühren. Den sehr starken und heißen Espresso hinzugeben und nach Belieben mit heißem Wasser bis kurz unter den Rand füllen. Halbsteif geschlagene Sahne über einen umgedrehten Teelöffel auf den Espresso laufen lassen. Nicht umrühren!

Trümmertorte

Rhabarber-Baiser

Rührteig:

150 g weiche Butter
150 g Zucker
5 Eigelb
200 g Mehl
1 Pck. Backpulver

Butter, Zucker und Eigelb ca. 5 Minuten cremig schlagen. Mehl und Backpulver vermischen und unterrühren. Teig auf zwei mit Backpapier ausgelegte 28-cm-Springformen verteilen.

Baiser:

5 Eiweiß
200 g Zucker
200 g Mandelblättchen

Eiweiß mit dem Zucker steif schlagen und auf beide Formen verteilen. Mandelblättchen darüber streuen.
Im vorgeheizten Backofen bei 160 °C 30 Minuten backen. Danach auskühlen lassen. Einen Boden auf eine Tortenplatte setzen und mit einem Tortenring umlegen.

Füllung:

500 g Rhabarber
30–50 g Zucker
1 Pck. Vanille-Puddingpulver
500 ml Schlagsahne, geschlagen

Rhabarber schälen, in Stücke schneiden. Mit etwas Wasser und Zucker aufkochen und mit dem Puddingpulver andicken. Anschließend auf dem unteren Boden verteilen und abkühlen lassen. Sahne auf den Rhabarber streichen. Den zweiten Boden darauflegen und den Tortenring entfernen.

Erdbeer-Sahne-Torte

Biskuit:
6 Eier
200 g Zucker
50 ml Wasser
225 g Mehl
1 Pck. Backpulver

Eier und Zucker schaumig schlagen, bis sich die Menge verdoppelt hat. Das Wasser langsam dazugeben. Mehl und Backpulver vermischen und unterheben. Teig in eine mit Backpapier ausgelegte 26-cm-Springform füllen und im vorgeheizten Backofen bei 175 °C 40 Minuten backen. Danach auskühlen lassen. Boden auf eine Tortenplatte setzen und zweimal waagerecht durchschneiden.

Füllung:
1 kg Erdbeeren
1 l Schlagsahne
2 Pck. Vanillezucker

Erdbeeren waschen, entstielen und in kleine Stücke schneiden. Sahne mit Vanillezucker steif schlagen. 1/3 der Sahne zum Verzieren zur Seite stellen. Torte schichten (Boden, Erdbeeren, Sahne usw.). Die gesamte Torte mit der restlichen Sahne einstreichen und verzieren.

Café am Wehl

Café am Wehl

Das Café ist geschmackvoll im skandinavischen Stil eingerichtet. Lichtdurchflutet mit einem wunderschönen Blick auf den Wehl.

Eine echte Bereicherung für den zauberhaften kleinen Ort Westerdeichstrich bei Büsum ist das neu eröffnete Café von Annika und Christian Schmidt. Es liegt gleich neben der historischen Mühle „Margaretha" aus dem Jahr 1845, dem Wahrzeichen von Westerdeichstrich und gegenüber des Wehls, einem See, der bei einem Deichbruch entstanden ist. Er gab dem Café auch den Namen, „Café am Wehl". Mit dem Neubau haben Annika und Christian sich verwirklicht. Ihre Affinität zum hohen Norden ist sofort zu erkennen, denn das Café ist reduziert und geschmackvoll im skandinavischen Stil eingerichtet, sehr hell mit großen Fenstern und einem wunderschönen Blick auf den Wehl. Also Natur pur. Vom Innenraum gelangt man auf eine großzügige Terrasse mit geschmackvollen Möbeln und sehr exklusiven Strandkörben. Auch haben sie eine Ferieninsel an der Nordsee geschaffen, „Den lille Oe", aus dem Dänischen übersetzt „Die kleine Insel". Familiensuiten mit großzügigen Balkonen, die sich im oberen Bereich des Hauses befinden. Sie haben typisch dänische Namen wie: Ella, Lillemor, Bosse oder Fiete. Für Feriengäste gibt es angrenzend an den Frühstücksraum eine Lounge, in der man entspannen und sich austauschen kann.

„Ich komme ursprünglich aus Itzehoe, aus dem schönen Kreise Steinburg und bin von Beruf Augenoptik- und Hörgeräteakustikmeisterin", erzählt Annika. „Da wir hier in Westerdeichstrich wohnen und sich vor unserem Privathaus ein Grundstück anbot, beschlossen wir, darauf ein neues Haus zu kreieren. Mein Mann Christian ist ja Zimmermann und hat alle Holzarbeiten selbst gefertigt. Zum Beispiel unsere Tische im Café sind eine Kreation von ihm, also Unikate. Auch der Tresen ist von ihm entwickelt und gebaut. Hier hat er sein ganzes Herzblut reingesteckt. Ein Haus mit Familiensuiten zu bauen und in den unteren Räumen ein Café zu eröffnen, war schon immer unser Traum. Es hat einen großen Caféraum und zusätzlich für unsere Hausgäste einen separaten Raum mit eigenem Eingang und Terrasse, so dass man mit dem Cafégeschäft gar nicht in Berührung kommt. Wir

Der gegenüber liegende Wehl gab dem Café seinen Namen.

Die historische Mühle „Margaretha“ aus dem Jahre 1845 ist das Wahrzeichen von Westerdeichstrich.

haben 30 Innen- und 20 Außenplätze. Selbstverständlich backe ich alles selber und habe mich auf belgische Waffeln, die wir in verschiedenen Kreationen anbieten, spezialisiert. Ein weiteres Highlight sind meine Blechkuchen oder meine Kuchen im Weckglas. Eine Torte ist natürlich auch immer dabei, und mein toller Zitronenkuchen und der Kalte Hund dürfen niemals fehlen. Wir sind ja nur 3 km von Büsum entfernt und mit Fahrradwegen sehr gut ausgestattet. Also bietet sich eine Fahrradtour von Büsum nach Westerdeichstrich förmlich an.

Ich habe einen Fulltime-Job, denn wir haben zwei kleine Töchter, Johanna und Jule, die mich brauchen, dazu kommen meine Cafégäste, Feriengäste und das Backen, aber alles geschieht bei mir mit großer Leidenschaft. Mein lieber Mann Christian steht mir mit seiner ganzen Kraft zur Seite, und ich kann ihn überall mit einplanen. Die Arbeitsaufteilung klappt wunderbar, denn wir haben dieses „Baby“ zusammen geschaffen.“ Ein zauberhaftes junges, erfrischendes Ehepaar, das durch seine Ausstrahlung sofort ein „Wohlfühlgefühl“ auslöst. Nichts wie auf nach Westerdeichstrich ins „Café am Wehl“.

Mandel-Blechkuchen mit Äpfeln und Blaubeeren

Mandel-Blechkuchen mit Äpfeln und Blaubeeren

ca. 8 Äpfel
220 g Blaubeeren
200 g Butter
220 g Zucker
1 Pck. Vanillezucker
6 Eier
400 g gemahlene Mandeln
200 g Mehl
1 TL Backpulver
gehackte Mandeln oder Krokant zum Verzieren

Äpfel schälen und in Scheiben schneiden. Blaubeeren abspülen und trocken tupfen. Butter, Zucker und Vanillezucker cremig rühren. Eier nacheinander unterrühren. Mandeln, Mehl und Backpulver vermischen und nach und nach unter die Buttermasse rühren. Teig auf einem mit Backpapier belegten Backblech verstreichen und mit Äpfeln und Blaubeeren belegen (Reihe für Reihe). Mit Mandeln oder Krokant bestreuen. Im vorgeheizten Backofen bei 180 °C Ober- und Unterhitze ca. 30 Minuten backen. Danach auskühlen lassen. Mit Schlagsahne servieren.

Lille Lillet

1 Glas

2 cl Lillet (franz. Aperitif aus Fruchtlikör)
4 cl Holunderbrause
4 cl Russian Wild Berry
2 Eiswürfel
Johannisbeerrispen
Pfefferminzblättchen

Zutaten nacheinander in ein Glas füllen. Abgezupfte Johannisbeeren hinzutun und den Rand des Glases mit Minze und Beeren dekorieren.

Weintrauben-Torte

Rührteig:

100 g weiche Margarine
100 g Zucker
2 Eier
175 g Mehl
½ Pck. Backpulver
Fett für die Form

Alle Zutaten miteinander verrühren und den Teig in eine gefettete 28-cm-Springform füllen. Im vorgeheizten Backofen bei 200 °C Ober- und Unterhitze ca. 25 Minuten backen. Danach auskühlen lassen. Boden auf eine Tortenplatte setzen und einmal waagerecht durchschneiden. Den unteren Boden mit einem Tortenring umlegen.

Füllung:

500 g helle Weintrauben
50 ml Weißwein
1 Pck. Vanille-Puddingpulver
2 EL Zucker
12 Löffelbiskuits
50 ml Milch
3 Becher Schlagsahne (á 200 ml)
2 Pck. Sahnesteif
3 Pck. Vanillezucker
4 Blatt Gelatine

220 g Weintrauben pürieren und den Wein dazugeben. Anschließend durch ein Sieb filtern und die Flüssigkeit in einem Messbecher bis auf 500 ml mit Wasser auffüllen.
Vanillepudding mit der Weintrauben-Wein-Flüssigkeit und Zucker nach Packungsanweisung kochen. Danach auf dem unteren Boden verstreichen und etwas abkühlen lassen. Den äußeren Rand mit halbierten Weintrauben belegen. Löffelbiskuits zerkrümeln und die Milch darüber geben. Die Krümelbiskuits auf den Pudding geben und bis zu den Weintrauben verteilen. Sahne mit Sahnesteif und Vanillezucker steif schlagen, über die Biskuits geben und glatt streichen. Den zweiten Boden als Deckel mit der

durchgeschnittenen Seite nach oben auf die Füllung legen. Mit den restlichen halbierten Weintrauben dicht an dicht belegen. Gelatine in kaltem Wasser einweichen, ausdrücken und mit 300 ml Wasser aufkochen.

Anschließend etwas abkühlen lassen und als Guss auf den Weintrauben verteilen. Den äußeren Rand mit etwas Sahne einstreichen.

Wattquatsch

Mürbeteig mit Beeren im Glas

6 Gläser, 6 cm Ø, 8,5 cm Höhe

250 g Mehl
100 g Zucker
3 Eigelb
½ TL Backpulver
Abrieb von ½ Bio-Zitrone
1 Prise Salz
1 EL Vanillezucker
200 g kalte Butter od. Margarine
1 Prise Zucker und Zimt
250 g Blaubeeren oder Himbeeren

Mehl in eine Schüssel füllen und eine Mulde hineindrücken. Da hinein Zucker, Eigelb, Backpulver, Zitronenabrieb, Salz und Vanillezucker geben. Die gut gekühlte Butter in Flöckchen auf den Mehlrand setzen und mit den Händen vom Rand aus alle Zutaten rasch verkneten. Mürbeteig braucht schnelle Hände und kalte Zutaten. Teig in Klarsichtfolie wickeln und ca. 30 Minuten kalt stellen. Anschließend etwas ausrollen und im Wechsel mit den Blau- oder Himbeeren schichten. Oberste Schicht Beeren. Gläser im vorgeheizten Backofen bei 175 °C Ober- und Unterhitze ca. 30 Minuten backen. Mit Zucker und Zimt bestäuben und mit einem Klecks Sahne servieren.

Kalter Hund

375 g Kokosfett
3 Eier
1 Prise Salz
200 g Puderzucker
6 EL Kakao
1 EL Instant-Kaffeepulver
1 Pck. Butterkekse
gehackte Mandeln zum Verzieren

Kokosfett bei schwacher Hitze in einem Topf zerlassen. Eier mit Salz und Puderzucker verquirlen. Kakao und Kaffeepulver untermischen. Das lauwarme Fett hinzufügen und mischen. Eine 30x11 cm Kastenform mit Backpapier auslegen, mit einer Schicht Schokocreme bestreichen und mit Butterkeksen belegen. Darauf wieder eine Schicht Schokocreme. Fortfahren, bis alle Zutaten aufgebraucht sind. Mit einer Schokocremeschicht beenden und mit gehackten Mandeln verzieren. Anschließend für einige Stunden in den Kühlschrank stellen. Der Kuchen sollte gut durchgekühlt sein, dann lässt er sich besser schneiden.

Die perfekte belgische Waffel

3 Eier
250 g Butter, zimmerwarm
200 g Zucker
1 Prise Salz
1 TL Bio-Zitronen-Abrieb
300 g Mehl
½ TL Backpulver
175 ml Sprudelwasser
Puderzucker zum Bestäuben

Eier trennen. Eiweiß mit dem Rührgerät zu Eischnee schlagen. Butter in Stücken, Zucker, Salz, Zitronenabrieb und Eigelb cremig schlagen. Mehl und Backpulver vermischen und abwechselnd mit Sprudel unter die Buttercreme rühren. Eischnee behutsam unter den Teig heben. Waffelteig 30 Minuten ruhen lassen.
Waffeleisen vorheizen. Teig hineingeben und die Waffeln 2–3 Miuten goldbraun backen. Waffeln aus dem Eisen nehmen und auf einem Kuchengitter abkühlen lassen. Anschließend mit Puderzucker bestäuben. Dazu nach Belieben heiße Kirschen oder Apfelkompott, Schlagsahne und Vanilleeis reichen.

Himbeer-Mohn-Tiramisu im Glas

400 g Himbeeren
Abrieb 1 Bio-Zitrone
4 sehr frische Eigelb (Gr. L)
60 g Zucker
500 g Mascarpone
10 g Mohnsamen
ca. 60 Löffelbiskuits
gehackte Pistazien zum Verzieren

Himbeeren im Sieb abspülen, abtropfen lassen und mit Küchenpapier abtupfen. Davon ca. 100 g für die Garnitur abnehmen. Zitrone heiß abwaschen und die Schale abreiben. Eigelb mit Zucker schaumig schlagen. Mascarpone löffelweisen unterheben. Mohn und Zitronenabrieb in die Creme geben. Eine Schicht Himbeeren in die Gläser füllen und mit ca. 2 EL Mascarponecreme bedecken. Löffelbiskuits brechen, nach Belieben kurz in Espresso tauchen und auf die Creme geben. Dieses wiederholen, bis die Gläser gefüllt sind. Himbeeren und Pistazien als Garnitur darauf verteilen. Tiramisu für ca. 2–3 Stunden in den Kühlschrank stellen und durchziehen lassen, damit die Biskuits weich werden.

Hofcafé Landzauber

Im ländlich frischen Ambiente fühlt man sich wohl und lässt sich von Sandra Seidel kulinarisch verwöhnen.

Schon wieder ein Geheimtipp!!
Im süd-östlichen Schleswig-Holstein in der Region Nord-Stormarn befindet sich der kleine Ort Heilshoop. Bad Oldesloe und Reinfeld sind nicht weit entfernt und nach Lübeck sind es 10 km. Hier fand ich das ganz süße, mit viel Liebe eingerichtete „Hofcafé Landzauber“ von der jungen erfrischenden Sandra Seidel. Es befindet sich in der ehemaligen Wohnung eines Bauernhofes, auf dem heute Hannoveraner Pferde gezüchtet werden. Auch einige Rinder, Schafe und Hühner leben auf dem Hof. Dazu gehört ein entzückender Garten mit Obstbäumen, Beerensträuchern sowie vielen Kräutern, die je nach Saison im Café verwendet werden. Angrenzend die Holsteinische Schweiz, die mit ihrer leicht hügeligen Landschaft zum Wandern einlädt. Aber diese Gegend ist auch für Fahrradtouristen ein Eldorado, denn die Radwege sind sehr gut ausgebaut und führen alle bis zur Ostseeküste. Auch Radrennfahrer trainieren in dieser Region. Sie alle kehren hier im Hofcafé Landzauber ein und tanken ein wenig „Zuckerenergie“.
„Von Beruf bin ich gelernte Restaurantfachfrau. Ich habe mich als Betriebswirtin im Hotel- und Gaststättengewerbe weitergebildet und außerdem die Prüfung zur Restaurantmeisterin erfolgreich absolviert“, plaudert Sandra Seidel über ihre erste Berufung. „Über meine frühere Leidenschaft, der Reiterei, wurde ich auf dieses

Bauernhaus aufmerksam und träumte von einem eigenen Café. Ich hatte Glück und es ergab sich die Möglichkeit, die Räumlichkeiten zu pachten und mein Café wurde im Sommer 2015 eröffnet. Unser Ambiente ist nordisch frisch und gemütlich. Es besteht aus drei Räumlichkeiten, die ineinander übergehen, wobei man einen Raum davon komplett separieren kann. Indem man die schönen alten Flügeltüren schließt, finden bis zu 20 Personen Platz, die dann unter sich sein können – ideal für kleine Festlichkeiten. Ich habe ca. 46 Innen- und 56 Außenplätze, die sich aber noch aufstocken lassen. Viele unserer Gäste sind Familien mit Kindern, die oft an den Tieren, die man auf den angrenzenden Weiden beobachten kann, interessiert sind. Mein Café ist ganzjährig von freitags–sonntags und an Feiertagen geöffnet. In der Hauptsaison (April bis Oktober) auch mittwochs und donnerstags. Auch außerhalb der Öffnungszeiten finden hier Festlichkeiten wie Taufen, Konfirmationen und Hochzeiten statt. Wir bieten Gerichte vom Buffet bis zum kleinen Menü. Durch die stets frisch zubereiteten Speisen können meine Gäste sich kulinarisch verwöhnen lassen. Um unser köstliches und sehr beliebtes Frühstück mit Produkten aus der Region genießen zu können, empfehle ich eine Tischreservierung.

Viele Fahrradgruppen reservieren schon Wochen vorher, um bei mir Rast zu machen. Backen habe ich nicht gelernt, sondern als Leidenschaft für mich entdeckt und so zu meinem Beruf gemacht. Ich habe meinen Traum, ein kleines Café zu betreiben, verwirklicht, indem ich alles selber herstellen kann. Immer wieder erfinde ich neue Tortenrezepte, wobei die Standards natürlich nicht fehlen dürfen. Unsere Renner sind im Sommer die Limetten-Torte und im Winter unsere Buchweizentorte. Für Gäste, die etwas Herzhaftes bevorzugen, biete ich meine Flammkuchen in verschiedenen Variationen an. Als ich das Glück hatte, ein Jahr in England zu arbeiten, entdeckte ich dort meine Liebe für den Afternoon-Tea, der bei mir nicht fehlen darf und gern auf Vorbestellung serviert wird. Er besteht aus süßen Kleinigkeiten, den typischen englischen Scones, Clotted Cream und selbst gemachter Erdbeerkonfitüre. Dazu gibt es verschiedene Sandwiches. Meine Gäste nehmen dieses Highlight sehr gut an.“

Ich kann nur empfehlen, sich auf Café-Tour zu begeben, die traumhafte Landschaft zu genießen und danach bei Sandra einzukehren und ihre köstlichen Kuchen, Torten und die verschiedenen Kaffeespezialitäten zu genießen. In der warmen Jahreszeit lädt die große, von einem Staudengarten umgebene Außenterrasse zum Verweilen ein. Oder vielleicht zur Tea-Time?

In der Sommerzeit lädt die große Terrasse, umgeben von einem prächtigen Staudengarten, zum Verweilen ein.

Walnuss-Vanille-creme-Torte

Walnuss-Vanillecreme-Torte

BODEN:

150 g Naturjoghurt
240 g Puderzucker
1 Pck. Vanillezucker
3 Eier
300 g Mehl
1 Prise Salz
1 TL Backpulver
120 ml Olivenöl
180 g gehackte Walnusskerne

Joghurt mit Puderzucker und Vanillezucker verrühren. Eier unterarbeiten. Mehl, Salz und Backpulver vermengen und unterrühren. Olivenöl dazugießen und 3 Minuten kräftig durchrühren. Walnusskerne unterheben. Teig in eine mit Backpapier ausgelegte 20-cm-Springform füllen und im vorgeheizten Backofen bei 170° C (Umluft 150° C) ca. 50–60 Minuten backen. Danach auskühlen lassen. Boden auf eine Tortenplatte setzen und 3 x waagerecht durchschneiden.

BUTTERCREME:

1 Pck. Vanille-Puddingpulver
500 ml Milch
40 g Zucker
1 EL Rum
1 TL Vanilleextrakt-Pulver
200 g Butter, zimmerwarm

10 EL Kirschkonfitüre

Pudding nach Packungsanleitung mit Milch und Zucker kochen und mit Rum und Vanilleextrakt-Pulver verfeinern. Butter hellcremig aufschlagen. Pudding löffelweise unterrühren. Dabei darauf achten, dass Butter und Pudding die gleiche Zimmertemperatur haben, sonst gerinnt die Masse.
3 Böden zunächst dünn mit Konfitüre, dann mit je ca. 2 EL Buttercreme bestreichen und die Böden aufeinander legen. Den letzten Boden als Deckel auflegen und mit der restlichen Buttercreme dünn umhüllen. Ca. 2 Stunden in die Kühlung stellen.

GLASUR:

150 g Zartbitter-Kuvertüre
50 ml Schlagsahne
2 TL Puderzucker
ca. 8 Walnusshälften für die Dekoration

Kuvertüre hacken und über dem Wasserbad schmelzen. Erst die Sahne, dann den Puderzucker gründlich einrühren. Ganache auf die Torte gießen und seitlich herunterlaufen lassen. Mit Nüssen garnieren und nochmals kühlen.

Scones

8–10 Stück von ca. 4 cm Durchmesser

225 g Weizenmehl
1 TL Backpulver
½ TL Salz
30 g Rohrzucker
40 g kalte Butter
1 Ei
100 ml Milch

Mehl, Backpulver, Salz und Zucker in einer Schüssel vermischen. Mehlmischung anschließend mit den Butterstücken zerkrümeln, bis sie Reibekäse ähnlich ist. Masse immer wieder hochwerfen, so dass sie mit Sauerstoff angereichert wird. Ei und Milch mit dem Schneebesen verquirlen, zur Mehlmischung geben und mit dem Teigschaber rasch zu einem Teig zusammenfügen. Den Teig nicht kneten, er soll „unfertig", also nicht glatt aussehen. Er darf Risse und Unregelmäßigkeiten haben.

Den Scones-Teig auf leicht bemehlter Arbeitsfläche mindestens 2 cm dick von Hand flachdrücken. Ein Glas oder einen runden Ausstecher in ein wenig Mehl drücken und Kreise von 4 cm Durchmesser ausstechen. Anschließend auf ein mit Backpapier belegtes Blech legen. Auch hier gilt: Die Scones müssen nicht perfekt aussehen, sie dürfen Risse und Unregelmäßigkeiten haben. Teigreste sanft zusammenfügen, flach drücken und erneut Scones ausstechen. Im vorgeheizten Backofen auf mittlerer Schiene bei 220°C ca. 12–13 Minuten backen, bis sie eine leicht goldgelbe Farbe haben.

Mit Erdbeerkonfitüre und Clotted Cream servieren.

Erdbeer-Vanillecreme-Torte mit Marzipan

Biskuit:

6 Eier
200 g Zucker
90 g Mehl
50 g Speisestärke

Eier und Zucker auf höchster Stufe ca. 10 Minuten schlagen, bis die Masse hellschaumig ist. Mehl und Speisestärke vermischen, darüber sieben und vorsichtig unterheben. Anschließend in eine mit Backpapier ausgelegte 26-cm-Springform füllen und im vorgeheizten Backofen bei 160° Umluft 30 Minuten backen. Danach auskühlen lassen. Boden auf eine Tortenplatte setzen und zweimal waagerecht durchschneiden. Den unteren Boden mit einem Tortenring umlegen.

Füllung:

4 Blatt Gelatine
300 g Schmand
100 g Zucker
Mark 1 Vanilleschote
400 ml Schlagsahne
1 Pck. Vanillezucker
2 EL Zitronensaft
½ Glas Erdbeerkonfitüre

Gelatine in kaltem Wasser einweichen. Schmand, Zucker und das Mark der Vanilleschote verrühren. Sahne mit Vanillezucker steif schlagen. Gelatine ausdrücken, mit Zitronensaft erwärmen und darin auflösen. 3 EL Schmandmasse unter die Gelatine rühren und anschließend mit der restlichen Schmandmasse zügig verrühren. 300 g geschlagene Sahne unter die Schmandmasse rühren.

Erdbeerkonfitüre auf dem unteren Boden verstreichen und den zweiten Boden darauf legen. Nach Geschmack halbierte Erdbeeren mit der Schnittstelle an den Tortenrand setzen. Die Schmandmasse darauf verteilen und mit dem dritten Boden belegen. Restliche Sahne (100 g) auf dem Deckel verstreichen und für ca. 3 Stunden kühlen.

Decke:

200 g Marzipan
Puderzucker zum Bestäuben

Marzipan auf einer Klarsichtfolie mit Puderzucker bestäuben und ca. 0,3 mm dick ausrollen. Einen Kreis von 26 cm Durchmesser ausschneiden (Springformboden) und auf die Torte legen. Aus dem restlichen Marzipan kleine Blumen formen (Silikon-Modellier-Form) und als Dekoration auf die Torte legen. Mit Sahnetuffs und Erdbeeren dekorierenn.

Holunderblütentorte mit Erdbeerguss

10 Holunderblütendolden
300 ml Schlagsahne

Holunderblüten vorsichtig ausschütteln und über Nacht in der flüssigen Sahne ziehen lassen. Am nächsten Tag durch ein Sieb gießen und die Sahne auffangen (Holundersahne).

Biskuit:

3 Eier
100 g Zucker
45 g Mehl
25 g Speisestärke

Eier und Zucker auf höchster Stufe ca. 5 Minuten schlagen, bis die Masse hellschaumig ist. Mehl und Speisestärke vermischen, darüber sieben und vorsichtig unterheben. Anschließend in eine mit Backpapier ausgelegte 26-cm-Springform füllen und im vorgeheizten Backofen bei 160° C Umluft ca. 20 Minuten backen. Danach auskühlen lassen, auf eine Tortenplatte setzen und mit einem Tortenring umlegen.

Füllung:

4 Blatt Gelatine
300 g Joghurt
100 g Zucker
300 g Schlagsahne (Holundersahne)
1 Pck. Vanillezucker
2 EL Zitronensaft

Gelatine in kaltem Wasser einweichen. Joghurt und Zucker verrühren. Holundersahne mit Vanillezucker steif schlagen. Gelatine ausdrücken, mit Zitronensaft erwärmen und darin auflösen. 3 EL Joghurtmasse unter die Gelatine rühren und anschließend mit der restlichen Joghurtmasse zügig verrühren. Holundersahne unter die Joghurtmasse rühren und auf dem Tortenboden verteilen. Anschließend für ca. 3 Stunden kühl stellen.

Topping:

400 g Erdbeeren
80 g Zucker
4 Blatt Gelatine
1 EL Zitronensaft

Erdbeeren waschen, putzen, pürieren und mit dem Zucker verrühren. Gelatine in kaltem Wasser einweichen, ausdrücken und in einem Topf mit Zitronensaft auflösen. 3 EL Erdbeerpüree in die aufgelöste Gelatine geben und anschließend in das restliche Erdbeerpüree rühren. Vorsichtig auf der schon fest gewordenen Joghurtmasse verteilen und nochmals für ca. 1 Stunde kühl stellen.

Deko:

Erdbeeren, Minze, Holunderblüten

Torte nach Geschmack mit Erdbeeren, Minze und Holunderblüten verzieren.

Kürbis-Blechkuchen

600 g geraspeltes Kürbisfleisch
(Hokkaido, Delica, Buttercup, Butternut)
3 Eier, getrennt
400 g Zucker
200 ml Rapsöl
2 TL Zimt

500 g Mehl
150 g gem. Haselnüsse
½ Pck. Backpulver
½ TL Salz
1 Pck. Vanillezucker

Puderzucker zum Bestäuben

Kürbis waschen, entkernen, abwiegen und raspeln. Eigelb, Zucker, Öl und Zimt schaumig rühren, dann das Kürbisfleisch hinzugeben. Mehl, Haselnüsse, Backpulver und Salz vermischen und unterrühren. Eiweiß mit dem Vanillezucker steif schlagen und vorsichtig unterheben. Teig auf einem mit Backpapier belegten Backblech (30 x 40 x 5 cm) verstreichen und im vorgeheizten Backofen bei 180° C ca. 25–30 Minuten backen. Nach dem Auskühlen mit Puderzucker bestäuben.

Kokos-Ananas-Torte

Biskuit:

3 Eier
100 g Zucker
45 g Mehl
25 g Speisestärke

Eier und Zucker auf höchster Stufe ca. 5 Minuten schlagen, bis die Masse hellschaumig ist. Mehl und Speisestärke vermischen, darüber sieben und vorsichtig unterheben. Anschließend in eine mit Backpapier ausgelegte 26-cm-Springform füllen und im vorgeheizten Backofen bei 160° C Umluft ca. 20 Minuten backen. Danach auskühlen lassen.

Knusperboden:

80 g Löffelbiskuits
30 g Kokosraspel
80 g flüssige Butter
3 EL Honig (streichzart)

Löffelbiskuits zerbröseln und mit Kokosraspel und flüssiger Butter vermischen. Masse in eine mit Backpapier ausgelegte 26-cm-Springform füllen. Mit einem Esslöffel andrücken und ca. 30 Minuten kühl stellen. Danach den Honig auf dem Knusperboden verstreichen und den Biskuitboden auflegen. Böden auf eine Tortenplatte setzen und mit einem Tortenring umlegen.

Füllung:

4 Blatt Gelatine
300 g Schmand
50 g Zucker
12 cl Kokossirup
300 ml Schlagsahne
½ Pck. Vanillezucker
2 EL Zitronensaft

Gelatine in kaltem Wasser einweichen. Schmand, Zucker und Kokossirup verrühren. Sahne mit Vanillezucker steif schlagen. Gelatine ausdrücken, mit Zitronensaft erwärmen und darin auflösen. 3 EL von der Schmandmasse unter die Gelatine rühren und anschließend mit der restlichen Schmandmasse zügig verrühren. Sahne unter die

Schmandmasse rühren, auf dem Biskuitboden verstreichen und ca. 3 Stunden kühl stellen.

Topping:

4 Blatt Gelatine
300 ml Ananassaft

Gelatine in kaltem Wasser einweichen, ausdrücken und in einem Topf mit ca. 3 EL Ananassaft auflösen. Anschließend zu dem restlichen Ananassaft geben und gut verrühren. Vorsichtig auf die schon fest gewordene Schmandmasse geben und nochmals für 1 Stunde kühlen. Nach Geschmack mit Ananasstücken, Kokosraspel und Sahnetupfen verzieren.

Hof Radlandsichten

Hofcafé Bauernstübchen

Raus aus dem Alltag und rein in die Holsteinische Schweiz nach Bad Malente und mit der Familie zum Ferienhof „Radlandsichten“ mit dem gemütlichen „Hofcafé Bauernstübchen“, denn das ist einen Ausflug wert. Der Hof wurde erstmals 1549 in den Kirchenbüchern erwähnt. 1781 übernahmen die Vorfahren der Familie Schumacher den Hof, der inzwischen ausgesiedelt wurde. Hierfür musste Wald gerodet (Rodeland) und Moor trocken gelegt werden (Landsichten), was dem Hof seinen Namen einbrachte: „Radlandsichten“, von Rodeland und Landsichten …

„Ich bin eine geborene „Kölsche“, erzählt Kathrin Dehn-Schumacher, „eine rheinische Frohnatur. Mich hat eigentlich der Urlaub mit meinem Vater hier auf den Ferienhof verschlagen, auf dem er mir zeigen wollte, wie toll es auf dem Lande ist. Dabei beobachtete ich die Mädels, die hier auf dem Hof gelernt haben und beschloss, nach dem Abitur, vor dem Studium, hier ein praktisches Jahr im Haushalt zu machen. Daraus wurde dann die Lehre zur Hauswirtschafterin mit ländlichem Schwerpunkt und landwirtschaftlichen Betriebsleiterin. Danach ging ich noch ein Jahr in die Schweiz. Während meiner Ausbildung verliebte ich mich in meinen Mann Frank Schumacher, und 1991 kehrte ich dann zu ihm zurück nach Deutschland. Die Familie Schumacher bewirtschaftet den Hof nun schon in der 7. Generation. Wir befinden uns hier in der totalen Einsamkeit, fernab vom Lärm der Städte. Im Umkreis von 1 km gibt es keine öffentliche Straße. Nur ein kleiner Feldweg, ge-

In der uralten ehemaligen Landarbeiterkate, die zum Hof gehört, befindet sich das Hofcafé Bauernstübchen mit seiner großzügigen Terrasse. Auch im Garten unter dem Apfelbaum, mit Aussicht auf den Hochseilgarten, kann man die Seele baumeln lassen.

Die Räumlichkeiten des Cafés sind unterschiedlich eingerichtet und für jeden Geschmack ist etwas dabei.

säumt von Knicks und Feldern, führt zum Café. Vorne am Weg zu unserem Hof befindet sich ein Wanderweg, auf dem die Menschen oft anhielten und nach einem Kaffee fragten. Sie brachten uns auf die Idee, ein Café zu eröffnen. Im Mai 1989 war es dann soweit, und 2004 habe ich es offiziell von meiner Schwiegermutter übernommen. Das Hofcafé Bauernstübchen hat 50 Innenplätze und auf der Terrasse und im Garten viel Platz. Wir backen natürlich täglich alles selbst. Da ich ja ländliche Hauswirtschafterinnen ausbilde, habe ich auch immer Hilfe. Wir haben ein großes Torten-Repertoire über das ganze Jahr, wobei sich natürlich Sommertorten von Wintertorten unterscheiden. Wer nicht so gerne Süßes mag, dem bieten wir Brotzeiten an. Dazu gehören eigene Schinken, Mettwürste und hausgemachte Leberwurst. Diese Produkte sind in unserem Hofladen erhältlich. Ein Süppchen reichen wir auch jeden Tag und unsere Rote Grütze darf auf dem Lande nicht fehlen.

Bei uns fanden schon Trauungen im Garten mit anschließender Feier statt, was natürlich traumhaft ist. Aber auch Betriebsausflüge und Familienfeste werden hier gefeiert. Ideal, weil die Erwachsenen Ruhe und Zeit haben zu schnacken und die Kinder sind den ganzen Tag draußen und versorgt. Nach Absprache ist vom Frühstück über Brunch bis zum 5-Gänge-Menü alles möglich. Das Hofcafé Bauernstübchen befindet sich im alten Deputathaus, in dem früher die Melker- und Landarbeiterfamilien untergebracht waren. Eine uralte kleine Kate, die wir dann für das Café um- und angebaut haben. In unseren sieben schönen und ruhigen Ferienwohnungen kann man natürlich auch seinen Urlaub verbringen, zwei davon sind sogar für 6–8 Personen.

Im Jahre 1975 wurden auf diesem Hof die Innenaufnahmen zur neuen Generation der Immenhof-Filme gedreht. „Die Zwillinge vom Immenhof“ und „Frühling auf Immenhof“. Im Film haben sogar Heidi Brühl und Horst Janson hier geheiratet. Da gibt es nette Anekdoten zu erzählen.

Bei uns finden auch tolle Events statt, zum Beispiel Fackelwanderungen mit Lesungen am Lagerfeuer, eigene Hoffeste mit dem NDR oder dem Tag der offenen Tür. Eine Attraktion ist unser Klettergarten, der einzige freistehende in Schleswig-Holstein. Man muss sich aber anmelden, denn das Klettern findet nur mit speziellen Trainern und der dazugehörenden Sicherheitsausrüstung statt. Für Kinder ist es hier ein Eldorado, denn vom Kettcar bis zur Hüpfburg und vielen Tieren ist alles vorhanden.“

Ein Urlaubsparadies für die ganze Familie, umgeben von Feldern, Wäldern und Seen. Dazu die köstlichsten und liebevoll gefertigten Tortenkreationen von Kathrin. Da bleiben keine Wünsche offen.

*Windbeutel-Torte
mit Roter Grütze*

Windbeutel-Torte mit roter Grütze

Biskuit:

5 Eier
130 g Zucker
1 Pck. Vanillezucker
1 Prise Salz
Abrieb von einer ½ Zitrone, unbehandelt
100 g Mehl
75 g Speisestärke
½ Pck. Backpulver

Eier und Zucker auf höchster Stufe ca. 8 Minuten schaumig schlagen, bis eine dickliche Masse entsteht. Vanillezucker, Salz und Zitronenabrieb hinzutun. Mehl, Speisestärke und Backpulver vermischen, darüber sieben und vorsichtig unterheben. Teig in eine 28-cm-Springform füllen und im Backofen bei 170 °C Umluft 30 Minuten backen (nicht vorheizen). Danach auskühlen lassen. Boden auf eine Tortenplatte setzen und einmal waagerecht durchschneiden. Den unteren Boden mit einem Tortenring umlegen. Den zweiten Boden eventuell einfrieren.

Belag:

2 Becher Schmand (á 200 g)
1 EL Sofortgelatine
8 EL Gelierzucker
400 ml Schlagsahne, geschlagen
1 Pck. TK-Windbeutel

Schmand mit Gelatine und Gelierzucker verrühren, Schlagsahne unterheben. Die Hälfte der Masse auf dem Boden verstreichen. Windbeutel darauf verteilen. Die zweite Hälfte der Masse darauf geben und anschließend kühl stellen.

Rote Grütze:

300 g rote Früchte nach Belieben
(Erdbeeren, Kirschen,
Himbeeren, Johannisbeeren)
350 ml Kirschsaft
30 g „Rote-Grütze-Pulver“
50 g Zucker

Früchte in eine Schüssel geben. 50 ml Kirschsaft mit Rote-Grütze-Pulver glattrühren. Kirschsaft aufkochen und damit andicken. Anschließend unter die Früchte heben. Nach Geschmack zuckern. Danach abkühlen lassen, auf der Torte verteilen und nochmals kühlen.

Pflaumenkuchen mit Nussstreusel

Mürbeteig:

370 g Mehl
110 g Margarine
100 g Zucker
2 Eier
½ Pck. Backpulver
1 Prise Salz

Alle Zutaten zu einem Teig verkneten und auf einem Backblech verteilen.

1,5 kg Pflaumen, entsteint

Pflaumen dicht an dicht auf dem Mürbeteig verteilen.

Streusel:

120 g Mehl
120 g Margarine
120 g brauner Zucker
100 g grob gemahlene Nüsse
1 TL Zimt

Mehl, Margarine, Zucker, Nüsse und Zimt mit dem Knethacken zu Streusel verarbeiten und auf den Pflaumen verteilen. Im Backofen bei 160–180 °C ca. 35 Minuten goldbraun backen.

Schokoladen-Nusskuchen

200 g Margarine
6 Eier
200 g Zucker
300 g gemahlene Nüsse
100 g Paniermehl
200 g Zartbitter-Schokolade, gerieben
1 TL Backpulver
Fett und Paniermehl für die Form

Margarine, Eier und Zucker sehr cremig schlagen. Nüsse, Paniermehl, Schokolade und Backpulver hinzugeben und 1 Minute lang unterrühren. Teig in eine gefettete und mit Paniermehl ausgestreute Kranzform füllen und im Backofen bei 160 °C Umluft (nicht vorgeheizt) ca. 60 Minuten backen. Bei der Garprobe mit dem Holzstäbchen ist die heiße Schokolade im Kuchen noch flüssig, nicht irritieren lassen.

Glasur:

200 g Zartbitter-Schokolade

Schokolade im Wasserbad schmelzen und den abgekühlten Kuchen damit glasieren.
Der Kuchen hält sich lange und schmeckt jeden Tag besser!

Knusper-Mandelschnitten mit Buttercreme

Mürbeteig:

250 g Mehl
70 g Zucker
120 g Margarine
1 Ei
1 Pck. Backpulver
1 Pck. Vanillezucker
1 Prise Salz

Zutaten zu einem Mürbeteig verkneten und als Boden auf einem Backblech verteilen. Im Backofen bei 160 °C Umluft (nicht vorgeheizt) ca. 20 Minuten goldgelb backen.

Buttercreme:

0,75 ml Milch
60 g Zucker
60 g Vanille-Puddingpulver
165 g Butter (Raumtemperatur)

Aus Milch, Zucker und Puddingpulver einen Pudding kochen und auf Raumtemperatur abkühlen lassen. Butter kurz cremig schlagen und nach und nach den Pudding unterrühren. Anschließend auf dem Boden verteilen und kühl stellen.

80 g Margarine
80 g Zucker
300 g Mandelblättchen
100 g Zartbitter-Schokolade

Margarine in einer Pfanne schmelzen und den Zucker darin auflösen. Mandeln dazugeben, unter Rühren goldbraun rösten und abkühlen lassen. Danach über die Buttercreme streuen. Schokolade schmelzen und den Kuchen damit garnieren (siehe Foto).

Apfel-Weinkuchen mit Mohnsahne

Mürbeteig:

250 g Mehl
125 g Zucker
1 Ei
150 g Margarine
1 Prise Salz
Abrieb von 1 Zitrone, unbehandelt

Zutaten zu einem Mürbeteig verkneten und als Boden mit Rand in eine 28-cm-Springform drücken. Im Backofen bei 160 °C Umluft (nicht vorgeheizt) 10 Minuten vorbacken.

400 ml Weißwein
350 ml Apfelsaft
80 g Vanille-Puddingpulver
250 g Zucker
1–2 kg Äpfel, in großen Stücken

Aus Weißwein, Apfelsaft, Puddingpulver und Zucker einen Pudding kochen. Äpfel darunter mischen. Masse auf dem Boden verteilen und bei 150 °C Umluft ca. 55 Minuten backen.

70 g Mohn
150 ml Milch
1 EL Zucker
1 Pck. Vanillezucker

Mohn in der Milch mit Zucker und Vanillezucker ca. 15 Minuten köcheln lassen, danach abkühlen.

½ Pck. Sofortgelatine
30 g Zucker
1 Pck. Vanillezucker
500 ml Schlagsahne, geschlagen
(davon etwas Sahne für die Garnitur abnehmen und in einen Spritzbeutel füllen)
Eierlikör nach Belieben

Die Mohnmasse, Gelatine, Zucker und Vanillezucker unter die Sahne heben und auf dem ausgekühlten Kuchen verteilen. Mit Sahnetupfen und nach Belieben mit Eierlikör garnieren.

Erdbeertorte auf Käse-Sahne

mit Schoko-Cookies

Boden:

300 g Schoko-Cookies
60 g flüssige Butter

Cookies zerbröseln und mit der Butter verkneten. Anschließend in eine 28-cm-Springform drücken.

Belag:

9 Blatt Gelatine
150 ml Schlagsahne
375 g Magerquark
150 g Zucker
1 Pck. Vanillezucker
200 ml Schlagsahne
400 ml Schlagsahne, geschlagen
750 g Erdbeeren
500 ml Erdbeersaft
26 g Tortenguss-Pulver, rot

Gelatine in kaltem Wasser einweichen. 150 g Sahne erwärmen und die ausgedrückte Gelatine darin auflösen. Quark, Zucker und Vanillezucker verrühren. 200 ml Sahne mit der Gelatine-Sahne verrühren und unter den Quark mischen. Geschlagene Sahne unterheben. Masse auf dem Cookie-Boden verteilen. Erdbeeren waschen, putzen und die Quarkmasse damit belegen. Aus Saft und Tortenguss einen Guss herstellen, über die Erdbeeren geben und sie damit fixieren.

Karotten-Käsekuchen

Boden:

250 g Vollkornbutterkekse
100 g flüssige Butter

Kekse zerbröseln und mit der Butter verkneten. Anschließend in eine 28-cm-Springform drücken und kühl stellen.

Belag:

250 g Karotten, geraspelt
3 EL Orangenblütenhonig
1 EL Zitronensaft

Karotten mit dem Honig und Zitronensaft in einem Topf köcheln lassen, bis der Honig eingekocht ist.

250 g Frischkäse
300 g Schmand
300 g Sahnejoghurt
180 g Zucker
½ Pck. Zitronenschale
Vanille-Aroma
3 Eier
1 ½ EL Speisestärke
250 ml Schlagsahne, geschlagen
125 ml Schlagsahne, geschlagen

Alle Zutaten, bis auf die Sahne, miteinander verrühren. Anschließend die 250 ml Sahne unterziehen. Masse auf dem Keksboden verteilen und 2/3 der Karotten vorsichtig unterheben. Im Backofen bei 160 °C Umluft 60 Minuten backen. Danach auskühlen lassen.
Mit 125 ml geschlagener Sahne und den restlichen Honig-Möhren dekorieren.

Deicheck Café

Nicht nur Einheimische, sondern auch Feriengäste zieht es an den längsten Strand der Nordseeküste nach St. Peter-Ording. Von Böhl über Süd, zum Bad, dem Zentrum, bis nach Ording sind es etwa 8 Kilometer. Die Strandhalbinsel, die sich von Böhl in das Meer hinaus erstreckt, ist noch länger. Wer einsame Spaziergänge am Meer liebt, ist hier richtig und kann stundenlang in salzhaltiger Luft durchatmen und sich meistens richtig durchpusten lassen. Das macht Appetit auf Kaffee und Kuchen.

Im gemütlichen Ortsteil Dorf, mit seinen vielen reetgedeckten Häusern, befindet sich das „Deicheck Café" in der Dorfstrasse 1. Die liebenswerten Besitzer des Cafés, Dagmar und Stefan Jensen, kommen gebürtig aus Westfalen.

„Wir sind beide vom Fach, ich bin Hotelfachfrau, Stefan ist Betriebswirt der Gastronomie und hat Koch gelernt. Wir haben immer gemeinsam hier in St. Peter-Ording Urlaub gemacht und uns in den Ort verliebt", erzählt mir Dagmar Jensen. „Um uns selbstständig zu machen, kauften wir 1994 in St. Peter-Bad ein Hotel, welches wir zwanzig Jahre führten, es dann aber wieder verkauften. 2005 erwarben wir den Kastanienhof im Tümlauer-Koog, ein wunderschönes reetgedecktes Bauernhaus im friesischen Stil mit gemütlichen Ferienwohnungen. Wie der Zufall es wollte, wurden wir auf das leer stehende Haus in der Dorfstrasse 1 angesprochen. Ich hatte schon immer die Idee, ein kleines, schnuckeliges Café zu besitzen. Mit Gästen zu tun zu haben und sie zu verwöhnen, war schon immer mein Ding. Wir glauben dieses Haus hat auf uns gewartet und wollte von uns gekauft werden. Es gehört zu den ältesten in St. Peter-Ording. Den ersten Eintrag von 1776 fanden wir in der Dorfchronik. Man kann von Liebe auf den ersten Blick sprechen. Es hat eine traumhafte Lage am Anfang der Dorfstrasse, direkt am alten Inneneich. Wir haben den großen Marktplatz vor der Tür, das heißt es gibt kaum Parkplatzprobleme.

Das Haus gehört zu den ältesten von St. Peter-Ording und liegt direkt an der Flaniermeile Dorfstraße. Hier ist den ganzen Tag Bewegung und nach einem Strandbesuch hat man Appetit auf Kaffee und Kuchen.

Die Dorfstrasse ist eine Flaniermeile, hier ist den ganzen Tag Bewegung. Wir bekommen von Einheimischen und Feriengästen einen großen Zuspruch. Tolle Architekten und Handwerker haben unsere Ideen und Wünsche sehr gut umgesetz und Teile des alten Hauses wurden beim Umbau mit einbezogen. Im Dezember 2016 haben wir eröffnet. Der Hingucker des Cafés ist natürlich das alte Gebälk, denn der Gastraum ist bis zum First offen. Eine besondere Attraktion ist unser venezianischer Kronleuchter aus Murano-Glas, das Schmuckstück des Cafés. Im Innenraum haben wir ca. 40 Plätze und es gibt einen wunderschönen Außenbereich. Wir haben ganzjährig geöffnet und Veränderungen werden frühzeitig im Internet bekanntgegeben. Mein Mann Stefan und ich teilen uns die Arbeit. Er trägt die Verantwortung für den Einkauf und das Management. Außerdem ist er mein Mürbeteigspezialist und der Chef an der Kaffeemaschine. Unsere Zusammenarbeit macht uns großen Spaß, denn wir ergänzen uns gut. Es ist ja unser Hobby! Mein Team und ich backen natürlich alles selbst und unsere Torten variieren je nach Saison. Es gibt aber durchaus Klassiker, die das ganze Jahr beliebt sind. Unser Spitzenreiter ist die Deicheck-Torte: weiße Schokosahne mit Eierlikör. Wir bieten aber auch kleine Snacks an, dazu gehört täglich unser Gemüsekuchen für Gäste, die es etwas würziger mögen. Unsere kleine Tageskarte wechselt vom Mini-Cheeseburger bis zur Lachsfrikadelle. Wir versuchen jeden Wunsch unserer Gäste zu erfüllen und sie glücklich zu machen.“

Das Café ist eine absolute Bereicherung für das Dorf und die Zusammenarbeit mit Dagmar und Stefan hat richtig Spaß gemacht. Hier kehrt man gerne ein, denn die nette Atmosphäre und die leckeren Kuchen sind eine Verlockung und eine Sünde wert!

Das Café mit seiner gemütlichen Terrasse liegt direkt am Innendeich und vor der Tür befindet sich der große Marktplatz.

Der Hingucker des Cafés ist das alte Gebälk. Der Caféraum ist bis zum First offen und die Attraktion ist der riesengroße venezianische Kronleuchter aus Murano-Glas.

Buchweizentorte mit Schmand und Roter Grütze und Kaffee-Baileys-Sahnetorte

Buchweizenbiskuit

mit Schmand und roter Grütze

Teig:

4 Eier
4 EL Wasser
120 g Zucker
70 g Buchweizenmehl
60 g Maismehl
20 g Speisestärke (aus Mais)
10 g Backpulver
Fett für die Form

Eier, Wasser und Zucker hell-schaumig schlagen. Mehle, Stärke und Backpulver vermischen und unter die Eimasse heben. Teig in eine gefettete 28-cm-Springform füllen und bei 160 °C Umluft ca. 25 Minuten backen. Danach auskühlen lassen. Boden auf eine Tortenplatte setzen.

Schmandsahne:

400 ml Schlagsahne, geschlagen
400 g Schmand
Saft einer ½ Zitrone
150 g Zucker

Schmand, Zitronensaft und Zucker verrühren und die Sahne unterheben.

Rote Grütze:

1 kg TK-Beeren
350 ml Wasser
4–5 EL Zucker
1 Pck. Vanillezucker
30 g Speisestärke

Beeren mit Wasser, Zucker und Vanillezucker aufkochen, mit Stärke andicken und abkühlen lassen. Schmandsahne auf den Biskuitboden geben und 2–3 Stunden kühlen. Anschließend die Torte großzügig mit Roter Grütze verzieren und noch extra einen Klacks Rote Grütze zum Tortenstück reichen.

Kaffee-Baileys-Sahnetorte

Biskuit:

4 Eier
120 g Zucker
130 g Mehl
20 g Speisestärke
10 g Backpulver
Fett für die Form

Eier und Zucker zu einem festen Schaum aufschlagen. Mehl, Speisestärke und Backpulver unterheben. Teig in eine gefettete 26-cm-Springform füllen und im vorgeheizten Backofen bei 160 °C Umluft ca. 30 Minuten backen. Danach auskühlen lassen. Auf eine Tortenplatte setzen und einmal waagerecht durchschneiden. Den unteren Boden mit einem Tortenring umlegen.

Baileys-Creme:

450 ml Schlagsahne
30 g Sahnesteif
30 g Zucker
100 ml Baileys
2 EL Schokoraspel

Kaffee-Creme:

450 ml Schlagsahne
30 g Sahnesteif
80 g Zucker
100 ml Espresso
2 EL Schokoraspel

30 Oreo-Kekse für die Deko

Jeweils für jede Creme die Zutaten aufschlagen und die Schokoraspel unterheben.
Baileys-Creme auf dem unteren Boden verstreichen. Den zweiten Boden auflegen und mit der Kaffee-Creme bestreichen. Anschließend 2–3 Stunden kalt stellen.
Oreo-Kekse fein zerbröseln und die Oberfläche damit bestreuen.

Käsekuchen

Mürbeteig:

50 g Zucker
100 g kalte Butter, in Flöckchen
150 g Mehl
1 Eigelb
1 Prise Salz
Fett für die Form
getrocknete Erbsen zum Blindbacken

Zucker, Butter, Mehl, Eigelb und Salz miteinander verkneten, bis ein glatter Teig entsteht. Teig in Klarsichtfolie wickeln und ca. ½ Stunde kühlen. Anschließend auf einer bemehlten Arbeitsfläche ausrollen (etwas größer als die Springform). Danach in eine gefettete 26-cm-Springform legen, andrücken und einen Rand formen. Teig mit Backpapier belegen und die Erbsen darauf verteilen, damit die Form des Teiges erhalten bleibt. Im Backofen bei 160 °C Umluft ca. 25 Minuten backen. Erbsen und Backpapier entfernen. Danach auskühlen lassen.

Quarkfüllung:

4 Eier, getrennt
1 kg Quark, 20%
210 g Zucker
1 Prise Salz
16 g Vanillezucker
10 g Backpulver
40 g Speisestärke oder 1 Pck. Vanille-Puddingpulver

Eiweiß steif schlagen und zur Seite stellen. Quark, Eigelb, Zucker und alle weiteren Zutaten ausgiebig verrühren. Eischnee unter die Quarkmasse heben. Masse in die vorgebackene Springform füllen und im Backofen bei 155 °C Umluft ca. 55 Minuten backen. Kuchen beobachten: soll wenig aufgehen, ggf. die Temperatur verringern und die Backzeit verlängern. Der Kuchen ist fertig, wenn er nicht mehr in der Form „wackelt".

Apfelkuchen mit Cranberrys und Walnüssen

VEGAN

Teig:

300 g Weizenmehl
100 g gemahlene Haselnüsse
300 g Zucker
½ TL Zimt
280 g weiche Sonnenblumenmargarine
Fett für die Form

Mehl, Haselnüsse, Zucker, Zimt und Margarine mit dem Knethacken in einer Rührschüssel zu einem glatten Teig verarbeiten. Anschließend, bis auf einen Tennisball großen Rest in eine gefettete 28-cm-Springform füllen, mit den Händen andrücken und einen dünnen Rand in Höhe der Springform hochziehen.

Füllung:

1 kg süßsaure Äpfel
25 g Cranberrys, getrocknet und gesüßt
30 g Walnusskerne, gehackt
1 EL Zimt-Zucker-Gemisch

Äpfel schälen, Gehäuse entfernen, vierteln und auf dem Boden verteilen. Cranberrys und Walnüsse darüber geben. Zimt und Zucker-Mischung darüber streuen.

Den restlichen Teig plus 2–3 EL Mehl durchkneten, Streusel herstellen und über die Äpfel streuen.

Im vorgeheizten Backofen bei 160 °C Umluft ca. 55 Minuten backen. Der Kuchen ist fertig, wenn er gut gebräunt ist und aus den Äpfeln ein wenig Saft „blubbert“.

Deicheck-Torte

Weisse Schokosahne mit Eierlikör

Schoko-Biskuit:

4 Eier
120 g Zucker
4 EL Orangensaft
100 g Mehl
10 g Backpulver
20 g Speisestärke
30 g Backkakao
Fett für die Form

Eier, Zucker und Orangensaft schaumig schlagen. Mehl, Backpulver, Stärke und Kakao vermischen und in Portionen unter den Eischaum heben. Teig in eine gefettete 26-cm-Springform füllen und im Backofen bei 160 °C Umluft ca. 25 Minuten backen. Danach auskühlen lassen. Boden auf eine Tortenplatte setzen und einmal waagerecht durchschneiden.

Füllung:

850 ml Schlagsahne
8 gehäufte TL weißes Trinkschokoladenpulver
30 g Zucker
27 g Sahnesteif
2 EL Johannisbeer-Gelee
100 ml Eierlikör
Schokoraspel

Sahne mit weißem Schokoladenpulver vermischen und mit Zucker und Sahnesteif aufschlagen. Den unteren Boden mit Johannisbeer-Gelee bestreichen und die Hälfte der Sahnemasse darauf verteilen. 50 ml Eierlikör darüber gießen. Mit dem zweiten Boden als Deckel belegen und den Rest der Sahne darauf verstreichen. Den restlichen Eierlikör als „Spiegel" darauf gießen. Anschließend 2 Stunden kühlen, damit der Eierlikör fest wird. Mit Schokoraspel verzieren.

Gemüsekuchen

Rührteig:

400 g Weizenmehl
200 g Margarine
20 g Backpulver
4 Eier
½ TL Salz
Pfeffer nach Geschmack
200 g Schmand
Fett für die Form

Alle Zutaten in einer Rührschüssel gut verrühren.

Belag:

2 Stangen Lauch, in feine Ringe geschnitten
½ rote Paprikaschote, fein gewürfelt
1 Glas Champignons (170 g Abtropfgewicht)
250 ml Sahne
2 Eier
Salz und Pfeffer

Den Teig in eine gefettete 28-cm-Springform geben und mit Lauch, Paprika und Champignons belegen. Sahne, Eier, Salz und Pfeffer verquirlen, über das Gemüse geben und im vorgeheizten Backofen bei 165 °C Umluft ca. 45 Minuten backen. Ca. 30 Minuten abgedeckt backen, danach die Abdeckung entfernen. Stäbchenprobe nicht vergessen. Statt Champignons mit 100 g Bacon, in dünne Streifen geschnitten, belegen.

Himbeer-Schmand-Sahne-Torte

Schoko-Biskuit:

4 Eier
120 g Zucker
4 EL Wasser
100 g Weizenmehl
30 g Backkakao
20 g Speisestärke
10 g Backpulver
Fett für die Form
12 Himbeeren für den Boden

Eier, Zucker und Wasser schaumig schlagen. Mehl, Kakao, Stärke und Backpulver vermischen und in Portionen unter den Eischaum heben. Teig in eine gefettete 26-cm-Springform füllen und im Backofen bei 160 °C Umluft ca. 30 Minuten backen. Danach auskühlen lassen. Boden auf eine Tortenplatte setzen und einmal waagerecht durchschneiden. Den unteren Boden mit einem Tortenring umlegen und mit den 12 Himbeeren belegen.

Füllung:

600 g Schmand
Saft einer ½ Zitrone
160 g Zucker
700 ml Schlagsahne
25 g Sahnesteif

Schmand, Zitronensaft und Zucker verrühren. Sahne mit Sahnesteif steif schlagen und vorsichtig unter die Schmandmasse heben. ¾ der Schmandsahne auf dem unteren Boden verstreichen. Mit dem zweiten Boden als Deckel belegen. Restliche Schmandsahne darauf verstreichen. 2–3 Stunden kühlen.

Topping:

400 g TK-Himbeeren
2 Pck. Tortenguss, rot
450 ml Wasser
3 EL Zucker

Tortenguss nach Packungsanweisung mit Wasser und Zucker herstellen. TK-Himbeeren auf der Torte verteilen und mit dem Guss überziehen. Nochmals ca. 30 Minuten in die Kühlung stellen.

Ein ganz großes Dankeschön an meine Tochter Kathrin, die sich für das Cover dieser Jubiläumsausgabe – wie schon für die Bücher „Winterlich Süßes“, „Auf die süße Tour“, „… aber süß muss es sein“, „Hier gibt's Süßes“ und „Süß und verführerisch“ *– wieder etwas ganz Besonderes hat einfallen lassen und diese ausgefallene Torte kreiert hat.*

Jubiläumstorte

Biskuit:

6 Eier
Salz
200 g Zucker
150 g Mehl
30 g Speisestärke
2 TL Backpulver
30 g Butter, zerlassen

Eier, 1 Prise Salz und Zucker ca. 10 Minuten cremig schlagen. Mehl, Stärke und Backpulver darüber sieben und die abgekühlte Butter hinzugeben. Vorsichtig mit einem Schneebesen vermengen. Zwei Springformen (18 cm Ø und 20 cm Ø) mit Backpapier auslegen. Teig hineinfüllen und glattstreichen. Im vorgeheizten Backofen auf der mittleren Schiene bei 180 Grad 20–25 Minuten backen.
Die abgekühlten Böden aus den Formen lösen und das Backpapier entfernen. Beide Böden einmal waagerecht durchschneiden. Die jeweiligen unteren Böden wieder in die entsprechende Form setzen.

Füllung:

1 kg Himbeeren
800 g Doppelrahm-Frischkäse
150 g Puderzucker
Mark von 1 Vanilleschote
1 Bio Zitrone, Abrieb
6 EL Zitronensaft
600 ml Sahne
1,5 Pck. Sahnesteif
1,5 Pck. Vanillezucker

Himbeeren verlesen.
500g Frischkäse, 100g Puderzucker, Vanillemark und Zitronenabrieb cremig schlagen und 4 EL Zitronensaft unterrühren. 1 Päckchen Sahnesteif und 1 Päckchen Vanillezucker zu 350 ml Sahne geben und steif schlagen. Die Sahne unter die Frischkäsecreme heben. Himbeeren untermengen. Creme gleichmäßig auf den unteren Böden verstreichen. Die oberen Böden draufsetzen und über Nacht kalt stellen.
Am folgenden Tag aus dem verbliebenen Frischkäse, Puderzucker, Zitronensaft, Sahne, Sahnesteif und Vanillezucker eine Creme erstellen. Nach Geschmack mit ein paar Tropfen Lebensmittelfarbe einfärben. Torten aus den Formen nehmen, großzügig mit der Creme einstreichen. 1 Stunde kalt stellen.
Torten aufeinander setzen und nach Belieben mit Kuvertüre und Blüten dekorieren.

ErlebnisReich Gestüt Schierensee

Grebiner Redder 30–32
24329 Grebin
Tel.: 0174-6794745
E-Mail: tina.benz@benzart.de

Bistro/Café „To'n Windbüdel"

Grebiner Mühle
Behler Weg 1+3
Öffnungszeiten:
Mühlen-Saison von Anfang Mai bis Mitte Okt.
Mi.–So. und an Feiertagen 11:00–18:00 Uhr
Wintersaison im Wintergarten auf dem Gestüt im KafFEEchen nur sonntags 12:00–18:00 Uhr
höchstens 20 Plätze (gerne vorher anrufen)
Zauberfeengarten: „Geöffnete GartenPforte" jeden ersten Sonntag im Monat von Mai–Okt., sonst nach telefonischer Vereinbarung
Ferienwohnungen:
Fischerkate (bis 4 Personen)
Espenhaus, 2 Wohnungen:
Entennest bis 4 Personen (Espenhaus)
Eulenturm bis 6 Personen (Espenhaus)
Buchungen unter:
buss@gestuet-schierensee.de
Tel.: 01717400651
ErlebnisReich Gestüt Schierensee … das Zuhause-Gefühl … suchen, finden, mitnehmen!

Café Zur Kutscherscheune

Lindenallee 15
23883 Groß Zecher
Tel.: 04545-801
E-Mail: cafe@kutscherscheune.de
www.kutscherscheune.de
Öffnungszeiten:
Frühling und Herbst: Do.–Mo. ab 12:00 Uhr
Sommer: tägl. ab 12:00 Uhr
Winter: Fr.–So. ab 12:00 Uhr
Frühstück nach Anmeldung
80 Plätze im Restaurant und 100 Plätze auf der Seeterrasse
Ferienwohnung und Ferienhäuser
Sollten Sie weitere Informationen wünschen, so geben Sie uns Bescheid.

Cafe Kontor Fehmarn

Melanie Wiegel
Burgstaaken 57
23769 Fehmarn
Tel.: 0172-4507279 oder
01520-3095266
E-Mail:
cafe-kontor-fehmarn@outlook.de
www.cafekontor.de
facebook: @CafeKontor
Öffnungszeiten:
in der Saison tägl. von 12:00–18:00 Uhr
Vor- und Nachsaison:
tägl. von 13:00–17:00 Uhr und nach Vereinbarung
In der Sommersaison Brötchenverkauf und Frühstück tägl. ab 7:30 Uhr
60 Innenplätze und 70 Außenplätze
November geschlossen
Gesellschaften und Frühstück nach Absprache
Hunde erlaubt
Kuchen und Torten aus eigener Herstellung und nach alten Familienrezepten
Kaffee- und Teespezialitäten, alkoholfreie Getränke sowie eine Auswahl an alkoholischen Getränken
Verkauf von Geschenkartikeln
Garten mit altem Rosen- und Baumbestand mit schönem Hafenblick
Genießen Sie den Ausblick auf den Hafen Burgstaaken und Burger Binnensee
Kinderspielecke im Garten
Wir freuen uns, Sie als Gast in den ehemaligen Kontorräumen der Fehmarn-Mühle von 1923 zu begrüßen.
Parkplätze am Café

Vintage-Café Drømme Hus

Liliane Hansen
Westerstr. 3B/Ecke Schusterweg 1
24994 Weeseby
Tel.: 04605-1895286
E-Mail: team@droemmehus.de
www.droemmehus.de
auch bei Facebook „Vintage-Café"
Saisonale Öffnungszeiten sind im Internet oder telefonisch zu erfragen.
Gesellschaften (von ca. 20 bis ca. 40 Personen) sind auch außerhalb der Öffnungszeiten möglich. Über den barrierefreien Zugang kommt man gut mit dem Kinderwagen, dem Rollstuhl und dem Rollator. Im Café selbst ist es eher eng, es ist aber schnell ein Weg frei geräumt. Für das umfangreiche Schlemmerfrühstücksbuffet nimmt so manch einer einen weiten Weg in Kauf.
Wir bieten Kaffeespezialitäten und leckeren Tee mit selbst gebackenen Torten, Kuchen und Gebäck (meistens mit einer Auswahl in gluten-/lactosefrei), frischen belgische Waffeln in verschiedenen Variationen und Eisbechern.
Wir verkaufen Lebensmittel im „Tante Emma"-Bereich und dänische Brötchen und Brote. Wir haben nicht einen Bereich mit Deko, nein, Ihr sitzt inmitten der Deko. Alle Antikwaren, Wohn- und Dekoartikel für Innen und Außen, Geschirr, Schmuck, Gartenpflanzen und vieles mehr kann käuflich erworben werden. Geschenkgutscheine sind für Anlässe das richtige Geschenk. Bei uns wird im hyggeligen Antik-Dänischem Ambiete „geschlöbert" geschlemmt und gestöbert, ganz entspannt geschnackt und familiär geduzt. Zu unseren Caféplätzen im Haus haben wir noch eine halboffene Veranda und einen Erlebnisbereich mit weiteren Sitzplätzen an schön rustikalen Tischen (je nach Jahreszeit und Wetterlage). Kinder fühlen sich sehr wohl, und Hunde sind auch willkommen.
Wir bitten unsere Gäste ganz herzlich um eine Tischreservierung, sowohl zum Frühstück als auch zur Kaffeezeit.
Wir freuen uns auf Groß & Klein und Jung & Alt.

Café Katchen

Ernst-Otto Wilkens
Soesmenhusen 20
25541 Brunsbüttel
Tel.:04852-8361360
E-Mail: info@cafe-katchen.de
www.cafe-katchen.de
Öffnungszeiten:
Mo.–So. 14:00–18:00 Uhr
Frühstück mit Anmeldung
30 Innenplätze, 10 Außenplätze
Die kleine Reetdachkate wurde mit viel Liebe zum Detail restauriert und eingerichtet und lädt nach einem Spaziergang oder einer Radtour zum Genießen ein.

Bei uns wird alles selbst gemacht. Das Team hält täglich eine abwechslungsreiche Auswahl an Torten, Törtchen, Kuchen und Keksen, die frisch im Café zubereitet werden, für Sie bereit. Dazu gibt es neben hochwertigen Kaffeespezialitäten, den guten alten Filterkaffee und wohlschmeckende, naturbelassene Tees.
Gerne erwarten wir unsere Gäste auch zum Frühstück.

Burger Fährhaus

Hotel-Restaurant-Café
Hafenstr. 48
25712 Burg (Dithmarschen)
Tel.: 04825-2417
www.burger-faehrhaus.de
info@burger-faehrhaus.de
Öffnungszeiten:
1. April–31.Oktober:
tägl. 8:30–22:00 Uhr
1. November–31.Dezember:
Mo.–Do. 15:00–22:00 Uhr,
Fr.–So. 8:30–22:00 Uhr
1. Januarhälfte: Betriebsferien
2. Januarhälfte: Fr.–So. 8:30–22:00 Uhr
1. Februar–31. März: Mo.–Do. 15:00–22:00 Uhr,
Fr.–So. 8:30–22:00 Uhr
selbstgebrautes Bier & direkter Kanalblick

Café am Wehl

Christian Schmidt
Dorfstr. 24
25761 Westerdeichstrich
Tel.: 0174-2617154
E-Mail: info@den-lille-oe.de
www.cafe-am-wehl.de
Öffnungszeiten:
April–Oktober
Sa. 13:30–17:30 Uhr,
So. 13:30–17:30 Uhr
Am 3. Advendswochenende findet bei uns immer der alljährliche Lille Weihnachtsbasar statt.
Den lille Oe – Zuhause als Gast
E-Mail: info@den-lille-oe.de
www.den-lille-oe.de – hier findet man all unsere Unterkünfte.
Tel.: 04834-9845207
0174-2617154
Wir vermieten Zimmer und Ferienwohnungen für 2–6 Personen in Büsum und Westerdeichstrich.
In familiärer Atmosphäre haben wir kleine Inseln geschaffen, in denen sich unsere Gäste wohlfühlen sollen, um die schönste Zeit des Jahres im gemütlichen Ambiente zu genießen!
Wohnung: Hühnernest, Heunernest 3, 25761 Westerdeichstrich
Wohnung: Momme/Studio Smilla/Snorre/Treibhaus, Agnes-Miegel-Str. 1, 25761 Büsum
Wohnung: Jette & Bo, Heunernest 11, 25761 Westerdeichstrich
Familienzimmer: Ella/Lillemor/Fiete/Bosse, Dorfstr. 24, 25761 Westerdeichstrich

Hofcafé Bauernstübchen Hof Radlandsichten

23714 Malente
Tel.: 04523-1622, Mobil: 0172-9295512
E-Mail: info@radlandsichten.de
www.radlandsichten.de
Öffnungszeiten: April (bzw. zu Ostern im März) bis zum letzten Oktoberwochenende immer donnerstags bis samstags 14:00–18:00 Uhr, sonn- und feiertags 12:00–18.00 Uhr. In Juli und August täglich geöffnet.
Gruppen ab 15 Personen, auch im Winter, immer nach Vereinbarung.
Nach Absprache öffnen wir auch außerhalb der Saison.
Hunde erlaubt. Außenplätze unbegrenzt, innen 50 Personen.
Kuchen und Torten aus eigener Herstellung, Brotzeit mit hofeigenen Produkten, Katenschinken, Mettwurst, Leberwurst.
Warme Küche nach Absprache.
Hofladen
Abenteuerspielplatz
Betriebsausflüge: für Gruppen ist nach Anmeldung Klettern im Hochseilgarten, Ackergolf oder Bogenschießen möglich.
Familientreffen mit Übernachtung und Vollverpflegung
Urlaub auf dem Bauernhof

Hofcafé Landzauber

Sandra Seidel
Hauptstr. 35
23619 Heilshoop
Tel.: 04506-8199003
E-Mail: mail@hofcafe-landzauber.de
www.hofcafe-landzauber.de
www.facebook.de/HofcafeLandzauber
Öffnungszeiten:
April–Okt.
Mi.–Fr. 14:00–18:00 Uhr
Sa. u. So. 9:00–18:00 Uhr
Nov.–März
Fr. 14:00–18:00 Uhr
Sa. u. So. 9:00–18:00 Uhr
Zusätzlich öffnen wir an den Feiertagen und nach Vereinbarung.
Unser saisonal abwechselndes Angebot umfasst leckere selbstgemachte Torten und Kuchen, typisch englischen Afternoon-Tea, Waffeln sowie Flammkuchen.
Am Wochenende können Sie ab 9:00 Uhr bei uns frühstücken, u.a. mit Wurst- und Käsespezialitäten aus der Region, selbstgemachtem Fruchtaufstrich und hausgeröstetem Müsli für einen guten Start in den Tag.
Wir unterstützen Sie gern bei der Planung Ihrer Familienfeste und Hochzeitsfeiern. Dafür bieten wir individuell abgesprochene Buffets an wie z.B. Brunch, Mittag oder auch Abendbuffets. Unsere Räume bieten Platz für 46 Personen, die Terrasse ist von einem Staudengarten umgeben und bietet Platz für 56 Gäste.

Deicheck Café

Dorfstr.1
25826 St. Peter-Ording
Tel.: 04863-9509939
E-Mail: dagmarjensen@hotmail.de
www.dastejensen.de
Öffnungszeiten:
Do.–Di. 13:00–18:00 Uhr
Mittwoch Ruhetag
Betriebsferien entnehmen Sie bitte der Homepage www.dastejensen.de
Kuchen und Torten aus eigener Herstellung, auch glutenfrei oder vegan.
Barrierefreier Zugang, wohlerzogene Hunde erlaubt.
Genießen Sie zu jeder Jahreszeit die behagliche Atmosphäre unter unserem venezianischen Kronleuchter in den Räumen des kernsanierten Hauses von 1776 bei einer guten Tasse Kaffee oder Schokolade und leckerer hausgebackener Torte.
Im Sommer sind die Außenplätze direkt am Innendeich oder vor dem Backsteinhaus sehr beliebt.
Reichlich kostenfreie Parkplätze für PKW und Fahrrad finden Sie nur 50 m entfernt auf dem Marktplatz von St. Peter-Dorf.
Wir freuen uns auf Ihren Besuch.

Weitere Rezepte und ausführliche Beschreibungen

Band 1
ISBN 978-3-8042-1237-4

Band 2
ISBN 978-3-8042-
1271-8

Band 3
ISBN 978-3-8042-1328-9

Band 4
ISBN 978-3-8

Unsere Sondereditionen

ISBN 978-3-8042-1388-3

ISBN 978-3-8042-1400-2

ISBN 978-3-8042-1421-7

ISBN 978-

er Cafés finden Sie in unserer beliebten Buchreihe

Band 5
ISBN 978-3-8042-1379-1

Band 6
ISBN 978-3-8042-1392-0

Band 7
ISBN 978-3-8042-1409-5

Band 8
ISBN 978-3-8042-1431-6

Band 9
ISBN 978-3-8042-1453-8

BOYENS
BUCHVERLAG

DIE AUTORIN

Marion Kiesewetter, Schauspielerin und TV-Moderatorin, in Hamburg geboren, wurde als Köchin durch die TV-Sendungen *Bi uns to Hus*, N 3, *Sonntagskonzert* und Johannes B. Kerners Kochsendung im ZDF bekannt. Ihre ebenfalls im Boyens Buchverlag erschienenen Kochbücher *Fürstliche Menüs – Schleswig-Holstein*, *Fürstliche Menüs – Niedersachsen*, *Fürstliche Menüs – Mecklenburg-Vorpommern*, *Obst aus norddeutschen Gärten*, *Salatexpress*, *Aufgefischt I + II*, *Das isst der Norden*, *Auf Krabbenfang*, *Kohl!* und *So kochen wir* entstammen der norddeutschen Region mit ihren erstklassigen kulinarischen Angeboten.

Besonders beliebt sind die Café-Bücher der Autorin. Bereits erschienen: *Eine Sünde wert …* (1), *Kann denn Süßes Sünde sein?* (2), *Nur Süßes im Sinn* (3), *Süße Augenblicke* (4), *Süßes für die Seele* (5), *Auf die süße Tour* (6), … aber süß muss es sein (7), *Hier gibt's Süßes* (8), Süß und verführerisch (9), *Winterlich Süßes*, *Lust auf Frühstück*, *Süße Seelentröster* und *Frühstück auf dem Lande*.

DIE FOTOGRAFEN

Ursula Sonnenberg und ihr Mann Hans Dieter Kellner durchliefen beide eine Ausbildung zu Fotografen, sie mit einer Lehre, er auf der bekannten Münchner Akademie für Fotografie. Seit Jahrzehnten arbeiten sie im gemeinsamen Hamburger Studio an getrennten Aufgaben – sie mit Food für Werbung und Verlage, er kreativ und technisch für die Industrie.

In Zusammenarbeit mit Marion Kiesewetter fotografierten sie bisher für den Boyens Buchverlag *Aufgefischt I + II*, *Das isst der Norden*, *Kohl!*, die komplette Cafébuch-Reihe 1 bis 9 sowie *Winterlich Süßes*, *Lust auf Frühstück* *Süße Seelentröster* und *Frühstück auf dem Lande*.

Register nach Cafés

Café To'n Windbüdel

Café Zur Kutscherscheune

Cafe Kontor

Vintage-Café Drømme Hus

Café Katchen

Burger Fährhaus

Café am Wehl

Hofcafé Landzauber

Hofcafé Bauernstübchen

Deicheck Café